JN347053

너는 봄이다

솔바람아래

너는 봄이다

-한국작가회의 시분과·
통일위원회 2022 연간 시집

나종영 이영춘 외 지음

솔바람아래

■책머리에

칼을 이긴 붓의 고난과 승리를 기억하며

한국작가회의는 엄혹한 제3공화국 독재치하에서 표현의 자유, 집회 결사의 자유를 외치며 분연히 일어선 자유실천문인협의회를 모태로 하고 있다. 당시 101명의 문인들이 광화문 네거리에서 발표한 '문학인 101인 선언'은 강요된 침묵을 깨뜨리는 한 줄기 곧고 따스한 햇살이었다. 한 줄의 때 묻지 않는 문장은 차갑고 두꺼운 빙벽을 단숨에 깨뜨리기에 충분했다.

그런 살아 있는 문학의 본질을 되새기며 한국작가회의 연간 시집을 엮는다. 회원이면 누구나 참여할 수 있는 시 마당을 활짝 여는 것은, 서로 기댄 채 어두운 독재의 터널 헤쳐 나오던 기억을 새롭게 되살려 보자는 뜻에서이다. 나아가 한국작가회의의 주인은 회원 자신이라는 평범한 진리를 확인하기 위해서이기도 하다.

이번 시집은 한국작가회의 시분과와 통일위원회가 함께 엮었다. 시분과 회원들이 한자리에 모여 우리가 딛고 선 자리를 돌아봄은 물론, 타의에 의한 분단의 장벽을 허물고 우리 민족이 한자리에 서야 할 길을 이 땅의 시인들이 앞장서서 열어야 한다는 생각에서이다. 그 같은 취지에 따라 '상처를 치유하는 시', '다시 하나 됨을 위하여', '생의 새로운 모습을 본 순간' 등 세 주제 아래 회원들이 심혈을 기울여 쓴 시들을 모았다. 연간 시집으로서는 모처럼 시도하는 다양한 주제가 있는 시 모음이니만큼 우리가 선 자리, 고통을 딛고 나아가야 할 자리를 짚어보는 좋은 기회가 될 것으로 생각한다.

한국작가회의 창립 50주년을 앞두고 있는 시점에서 둘러보면 오늘 우리 시가 딛고 있는 토양도 예전 못지않게 척박하다. 평범한 시민들이 축제를 즐기고 있던 이태원 거리에서 158명의 젊은이, 시민들이 아무런 죄 없이 죽어갔음에도 누구 하나 제대로 책임지는 사람이 없고, 국민의 목소리에 귀를 기울이는 위정자들을 찾아볼 수 없다. 그런 점에서 오늘은 한국작가회의 창립 당시 못지않게 국민 주권 주권이 실종된 세상이다. 나아가 주인인 국민들의 아픔을 치유하고, 함께 아파하고 기뻐하는 세상을 위해 시인들이 목소리를 내야 할 매우 중차대한 시점이다.

우리는 이 같은 시대의 요구에 호응하여 앞으로 나아갈 것이다. 작게는 회원 각자가 주인 의식을 갖고 한국작가회의의 소명에 따라 열심히 복무할 것이다. 나아가 우리들이 딛고 선 세상이 어두운 시대로 돌아가는 길 없이 민의와 민주적 절차를 앞세워 앞으로 나아갈 수 있도록 지혜와 힘을 모을 것이다.

이번 연간 시집은 그 같은 생각들을 한데 모으는 마당이 될 것이다. 이 시집이 독자들에게 다가가 따스한 감동을 선사하고, 그를 발판으로 부드러운 붓이 차갑게 날선 칼을 끝내 이기고 만다는 것을 확인하는 계기가 되기 바란다.

2022년 12월

한국작가회의 시분과·통일위원회

차례

■책머리에

상처를 치유하는 시

다시 하나 됨을 위하여

생의 새로운 모습을 본 순간

상처를 치유하는 시

십자가

강 경 호

성당 첨탑의 십자가
안테나 같아
지상과 하늘의 비밀한 말씀
교신하는 것 같다

하늘에 바람 스치우는데
바람 속에 실려 온
세상의 더러운 말들 세탁하고
크리스마스이브에 내리는 눈처럼
은총의 말씀들로
때에 찌든 세속에 세례를 줄 것 같다

분하고 억울해서 술 마신
도저히 견딜 수 없어 투신하고 싶은 저녁
어둠 속의 십자가 바라보면
속 터지는 사람에게
가엾은 사람에게
따스한 손을 내밀 것 같다.

유난히 맑은 저녁답
하늘에 별이 반짝이는데
우주에서 전하는 말씀
들려주실 것 같은
혼자서 외로이 빛나는
성당 첨탑 끝의 십자가.

강경호 1997년 《현대시학》으로 등단. 시집 『휘파람을 부는 개』, 『잘못든 새가 길을 낸다』 외 다수.

밤하늘에도 상처가 있어요

강 민 숙

밤하늘에도
상처가 있어요.
하늘에 숭숭 뚫려 있는
별의 자국들 올려다보면
상처들이 모여
빛이 되고
빛이 모여
어둠을 밝히고 있어요.
넘어지고 깨어진 자리마다
빛이 일이시고 있어요.
상처뿐인 그대가.

강민숙 1992년도 《문학과 의식》 등단. 시집 『노을 속에 당신을 묻고』, 『꽃은 바람을 탓하지 않는다』, 『둥지는 없다』, 『채석강을 읽다』 등 있음.

내시경

강 민 영

인양된 배, 어둠도 녹슬어 있었다 물 호스를 따라 내려가니 싱잉 볼 소리가 말랑거리는 벽에 작은 물결로 부딪힌다 시간을 긁어낸 부유물이 물의 방에 담겨 있다 그곳엔 오므린 빛도 물도 비늘도 떠있고 이끼와 수생식물도 있다 쇠붙이도, 쇠기둥도 심해에 오래 있으니 아가미를 가진 걸까, 변이하려는 아가미들이 미세한 거품을 일으킨다 부품처럼 떠다니는 해파리들이 냄새나는 말들을 쥐고 죽어 있다 가까스로 뭍에 와서야 따개비들이 바닥에 기생하고 있어 내 몸이 배라는 걸 알았다 다시 회복하려는지 열린 창에서 쏟아진 물고기들이 은빛으로 파닥거린다 짙푸른 회한을 떼어낸 자리에 암전은 있고 욥의 탄식은 사라졌다 어제의 내시경이 이러했을까? 나는 이제 자정自淨하려는 해일을 믿고 있다

강민영 2015년 《내일을 여는 작가》 등단. 시집 『아무도 달이 계속 자란다고 생각 안 하지』, 수필집 『우리 사이의 낡고 녹슨 철조망』 등 있음.

상처

권 화 빈

살다 보니
상처가 나를 길들인다

손을 내저어
물리치지도 말고

소리 높여
화내지도 말자

고요히
아침을 맞이하듯

활짝 팔 벌려
고맙다 고맙다
인사를 하자

내 살점을 물어뜯던
어젯밤의 상처가

오늘 아침
내 가슴에서 꽃처럼 피어나
나를 키운다

권화빈 2001년 《작가정신》 등단. 시집 『오후 세 시의 하늘』 있음.

부추꽃의 기도

김 경 윤

긴 비 지나고 바람 소슬한 날
흰 부추꽃 곁에 앉아서

한 방울의 눈물로 진주를 만드는*
당신을 생각해요

내 슬픔의 기원을 알지 못하는 마음은
몽글몽글 부추밭에 부려 놓고

슬픔을 과장할 능력이 없는 사람은
슬픔을 견딜 수 없다는 당신의 말을 생각해요

오종종 꽃대 위에 두 손 모은 저 꽃망울들
신의 눈물 같은 망울들이 활짝 필 때마다

하늘의 별들이 꽃으로 환생한다는 것을
당신이 떠나기 전엔 알지 못했어요

흰 꽃잎에 앉은 팔랑나비 한 마리

팔랑! 날개를 폈다 접는 그 순간이

이 지상에서 한 생生이 왔다 가는 일생인 것을
나는 육십이 넘도록 알지 못했어요

*알프레드 드 뮈세 : “시란 한 방울의 눈물로 진주를 만드는 것이다.”

김경윤 1989년 무크지 《민족현실과 문학운동》으로 작품 활동 시작. 시집 『바람의 사원』, 『슬픔의 바다』 등 있음.

거꾸로

김 송 포

거꾸로 뛰어내리려는 남자를 보았다 양복을 근사하게 입고 다리를 하늘로 뻗으며 가랑이 벌어진다 한 팔로 휘저으며 가고자 했던 길이 아니라고 손사래를 치는 모습이다 난간은 없고 숲 사이로 안전하게 착지하는 모습은 희망이 사라져 가는 길을 찾은 자의 표현이다

죽고 싶다고 할 때 강에 몸을 던진다 누구도 붙잡아주지 않을 때 각오를 한다 남자의 표현은 진정성의 노래를 대변하는 것이다

몇 바퀴 구르고 나면 칼자루를 쥔 놈이나 외로워 떨고 있는 놈이나 비슷하기 때문이다 똑바로 서 있을 때보다 거꾸로 서 있을 때 비닥이 빛나 보일 수 있거든요

김송포 2013년 《시문학》으로 등단. 시집 『부탁해요 곡절 씨』, 『우리의 소통은 로큰 롤』 등 있음.

지구 항성

김 순 선

모서리가 녹슨 회색 컨테이너
가스통 고무호스 꼽아 넣고
젊은 부부가 살아간다
친정에 떨어뜨려 놓은 어린 두 딸
전화로 파도 소리 들려주고는
손가락 사이로 모래를 흘리며
운모처럼 반짝이는 눈물을 손등으로 훔친다
남편은 전기용접 기술을 배우느라
전기 불꽃에 얼굴이 헐고
아내는
낮에 일용직의 임금을 계산해 주고
오후에는 소방기사 자격증 시험 준비하느라
목덜미에 땀띠가 나지만
철제 책상 위에 조간신문 펼치고
저녁 밥상을 마주할 때면
쇠창살 사이로 들려오는 파도 소리에
젊은 부부의 눈웃음이 산다
월성 원자력발전소 건설 현장
모두가 잠든 깊은 밤이면

원자로가 꿈꾸는 핵융합
컨테이너 속에서
별이 떠오른다

김순선 1997년 계간 《21세기문학》으로 등단. 시집 『토르소』 있음.

주문

김 양 희

한생을 기록할 타임캡슐이 기다리는 병실
구순의 반을 건너온 얼굴에 마스크가 씌워지고
주삿바늘 붉은 자국 따라 욕보이듯 부은 손등과 팔뚝
스스로 질끈 눈 감고 입 닫은 지 오래인 어머니가
가끔씩 눈 뜨고 나를 쳐다본다
눈가에 반짝 고인 눈물로 내게 전하는 주문을 받아 들고
나는 중얼중얼 지장보살을 귓속에 담아드린다
구절양장을 건너가는 어머니, 길 끝은 차마 모르기에
창가의 가을 햇살에게 건네보는 나의 주문은,
누울 자리 환하고 따뜻해져라
환하고 따뜻해져라, 환하고 따뜻해져라

김양희 2004년 《시사사》로 등단. 시집 『나의 구린 새끼 골목』, 『서귀포 남주서점』 등 있음.

청진기

김 완

환자에게 따뜻한 손
자주 내밀겠습니다

환자가 하는 말
경청하겠습니다

하고 싶으나 하지 못한 말
너머까지 헤아리겠습니다

고통에 대한 두려움
잘 살펴보겠습니다

마음의 색맹에 빠지지 않도록

환자에게 따뜻한 손
더 자주 내밀겠습니다

김 완 2009년 《시와시학》으로 등단. 시집 『지상의 말들』, 『바닷속에는 별들이 산다』, 『너덜겅 편지』 등 있음.

거울

김 윤 현

너를 보는 것 같지만
정작 바라본 건 나 자신이었다
나는 너를 한번도 제대로 봐주지 않았다
너를 무시하는 눈길이 아님을 눈치챘을까
너는 벽에 붙어서 꼼짝하지 않고도
나를 나에게 온전히 돌려주었다
스스로 깨달을 때까지 말이 없는 붓다처럼
나는 또 내가 의심스러워 네 속까지 들여다보지만
겉은 겉이고 속은 속이라 누가 말했나
정작 본 것은 나의 겉모습일 뿐
이해할 수 없는 책장을 건성으로 넘기듯
사람도 세상도 그렇게 보지는 않았는지
너를 정성껏 닦아주는 것도 실은 나를 위하기 일쑤였다
있는 대로 보여주는 너 앞에서
너가 보여주지 못한 나의 속을 들여다보고 싶어
거울에 가까이 다가서면 나는 또 다가선 만큼 나와 가까워지지만
나의 오전과 어제와 지난날은 보이지 않았다
속이 겉이고 겉이 속이라는 말은 누가 말했나
내가 돌아서 모습을 감출 때까지

너는 아무 대답이 없다
나는 여전히 나를 얻으려
지날 때마다 너에게 눈길을 주지만
그때마다 실패하고 만다

김윤현 1984년 《분단시대》로 작품활동 시작. 시집 『발에 차이는 돌도 경전이다』, 『반대편으로 걷고 싶을 때가 있다』 외 다수.

퇴退를 놓다

김 이 하

지금 막 밥솥에서 뿜어나오는 뜨거운 밥내는 등허리에 들러붙은 허기를 나긋나긋 풀어 달콤하게 어른다

밥맛뿐인가, 밥 한술에 얹어 먹을 콩잎과 젓갈과 겉절이의 짜릿한 맛이 머리 꼭뒤에 상큼한 그림 한 장 펼친다

시골집 무쇠솥이라면 누룽지까지 덤으로 먹을 수 있겠지만, 이 따뜻한 밥 한술만으로도 오늘은 몇 장의 오붓한 그림을 그려볼 수 있겠다

그러나 밥을 푸다 말고 밥 한술 도로 밥통에 넣는다, 어느 날 뒤통수를 친 당뇨라는 병, 이제 여생은 모든 것을 되질하고 저어해야 하는가

식사나 운동 관리, 합병증, 혈당 측정 등 귀찮은 일들이 자유로운 생활을 밀어내고 한순간 움츠러든 어깨가 암울한 그림자와 함께 들어앉는다

문득, 무너진 옛 집터에 나뒹굴던 사기 밥그릇이 눈에 삼삼하다, 오랫동안 그 밥그릇에 담겼을, 얼굴도 모르는 주인의 이력은 깨어져 날카로운 모서리에 베여 이미 사라졌겠지만

쓴 입맛으로 뒤돌아보았을 어정쩡한 한 생의 기억 때문에, 달콤한 허기 퇴退를 놓고 돌아앉은 저녁은 어둠만 깊어가는 심연深淵이다

김이하 1989년 《동양문학》으로 등단. 시집 『눈물에 금이 갔다』, 『그냥, 그래』 등 있음.

지구의 제단!

김 자 현

네안데르탈에서 크로마뇽 시작으로
노랗고 파란
추상의 벽화 걸개그림 잘 그리던 현생 인류여!
선사와 역사 수수만년 걸어오는 동안
이란 샤리달 동굴의 미우라처럼 아름다운 작별
관뚜껑 위에
꽃 뭉치 던지고 돌아서는 풍습으로
바뀌지 않은 학명의 아름다운 현생 인류라면 얼마나 좋았을까
호모 사피엔스 사피엔스가
자가당착이란 제목의 제전을 준비하네
찬란한 지구 사육제를 향하여
첨단이란 무기 모조리 진열하고 사열하는구나!

머잖아 숨 끊어질 지구를 위해
장인의 노동이 빛나는 체코 크리스탈로 축배를 들자
그날은 밀크빛 어깨 드러내고
샹들리에 흔들리는
샹그릴라에서 마지막 밤 즐겨보자
그리하여 지구촌 광란의 밤을 예비하라

한 방에 수만일까 아니면 수십억일까
인류 멸망을 위해
피의 제전을 꿈꾸는 자들 그러나
자신의 피를 제일 먼저 지구의 제단에 뿌려야 할 것!

산산이 부서진 마카서스의 육체와
정한론의 창시 요시다 쇼인을 부관참시하고
그 후예들의 목과
전쟁광 부시를 비롯한 방산 자본 원흉의 목을 지구의 제단에 진설하라
패트리어트 미사일로
인류사에 가장 화려한 축포를 쏠 때
지구촌민 대광장에서 자본주의 개들 잡아 통째로 화형에 처하자
미얀마와 우크라이나 먹으려고
수십 년 쟁기질하더니 열매를 따는 자 따로 있구나
낙원에서 추락한 루시퍼가 하사하는
최고 악명의 훈장을 기다리는
바지사장 조 바이든! 타빈속 피를 먹고 사는 자들아!
신의 징벌 가까우니라

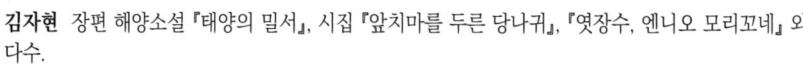

김자현 장편 해양소설 『태양의 밀서』, 시집 『앞치마를 두른 당나귀』, 『엿장수, 엔니오 모리꼬네』 외 다수.

눈물의 이면

김 지 란

A4 종이 서류 모서리에 눈동자를 스쳤다
원시림을 빠져나온 빗방울들이 내게로 왔다
밤새 그치지 않는 호우주의보
첫사랑, 첫출산, 첫 죽음을 생각나게 하는
깜깜하고 어두운 혹독한 시절의 맛
나무는 어디에 이 많은 빗방울을 뭉쳐 숨기고 있었을까
아픔을 보듬고 따뜻한 흙빛으로 돌아간
사랑하는 사람들의 속말이 일시에 밀려왔다
보이지 않아 서서히 잊히는 것들과
보이는 모든 풍경들의 비밀을 읽어내는 일
나무들의 이력을 겨우 다 정독하고 나서야
시야가 맑아졌다
처음 햇빛을 머금은 내 눈동자는
돌담 위 담쟁이덩굴에 한동안 붙들렸다
내게로 오기까지의 경로를 생각했다
내 안의 깊은 허공에서
보이지 않는 것들이 해묵은 나를 깨운다
눈을 다친 이후 세상의 이면을 더듬는 버릇이 생겼다

김지란 2016년《시와문화》등단. 시집『가막만 여자』있음.

먼 나라 슬픔에게 부치는 편지
-오, 우크라이나

김 추 인

아가야
어디 가는 줄이나 아는 거니?
끝없는 피난 행렬이란 걸 알기나 하는 거니?

아가야
처음 꽃불이 솟았을 때
"파파, 맘, 불꽃놀이 하나봐"
신나했을 네가 지금은
대포 소리에 움찔움찔 놀라며
낯 모를 아줌마의 유모차를 무작정 따라가는 거니?
어디에도 엄마 아빠가 안 뵈는 거니?

엄마엄마- 부르는 널
울며울며 따라가는 널
한 손에 인형 들고
한 손에 과자봉지를 들고
어디로 가는지도 모른 채 따라가는 널
나도 울면서 따라가는구나

밥 짓다 말고 TV를 끌 수가 없구나

여섯 살, 작은 걸음 안다만
혼자 떨어지면 안 돼 안 돼!
네 뒤는 시커멓게 무너진 도시뿐이니
하늘과 땅,
황금 밀밭 위의 푸른 하늘
파랑과 노랑 국기가 찢긴 채 펄럭일 뿐이니

그러니까 아가야
아줌마 아저씨들 낯설어도 따라가거라
기차를 타면 기차를 타거라
가기만 하면
폴란드 따뜻한 아줌마들이 안아 줄 거야
아가야
늘 자유의 나라가 이기는 거 알지?
힘 내거라 네 나라 우크라엔
전장에서 죽을 권리를 외친 '국민의 일꾼', 젤렌스키가 있다
이웃나라들이 우크라에 힘을 보태고 있다

아가야
예쁜 친구, 아멜리아가 너희 나라 국가를 부르네

우크라이나 형제들이여, 운명은 우리에게 미소를 짓도다
우리의 적들은 아침 태양 앞 이슬처럼 사라지리라

너도 듣고 힘을 내면 좋겠구나

아가야
나, 참 미안하다 우리도 전쟁을 겪었는데, 도움 많이 받았는데. 코리아가 무기 들고 돕지 못해 나의 코리아가 나도 부끄럽다만 그래도 아가야 내 나라 국숫집 아줌마도 사과 파는 아저씨도 내 친구들도 도와주는 손을 보내고 있단다

아가야
힘 내거라 착하지 너는 코사크의 후손
혼자서도 우뚝, 씩씩하거라
어디서 살더라도 돌아갈
네 나라 우크라를 잊지 말거라

2022년 4월
한국에서 김추인 보냄

김추인 1986년 《현대시학》으로 등단. 시집 『행성의 아이들』, 『해일』 등 있음.

아담한 회담

김 학 련

긴 회랑 돌아 묵은 계단 오르면 검정고양이가 그려진 옛 성곽이 있어 흰 벽을 보면서 거기서 악몽을 지우기로 해 피아노가 숨은 곡절曲折 연주하면 농담과 진담 따로따로 꽃병에 담기로 해 샹들리에 등 빛이 번역하면은

야곱의 일은 야곱이 행하리로다
야곱의 빚은 야곱이 갚으리로다

살얼음판 녹색의 저음 내디디며 갓 구운 빵과 포도주 젖과 꿀의 성채 초대받은 입술들아 굳은 땅에 엎드려 키스하라 키스하라

다시는 타인의 발뒤꿈치 훔치지 않겠나이다

찬 바닷바람 맞으며 과거의 노을 밑 걸어가면 파도가 울먹거리는 밤 구름이 통곡하던 마을이 나와 슬프게 암장 된 식민지 젊은 연인들의 서툰 연애담談, 그 낮고 휑한 뜰에 헌화하기로 해

흰 뼈 부서져 내린 바닷가, 적대敵對의 발자국 지우며 빈 소라껍데기처럼 밀려갔다 밀려 와보기로 해 먹먹했던 노을 뒤집어 새로 굽는 저녁 시작하는 연인들처럼 바삭바삭 귓속말하면서

검은 태양이 든 새끼고양이들 눈에서 아, 핏빛 거울이 자라고 있어
증발하지 않는 거짓말 두꺼운 화장의 페이소스는 제발 버려줘

행성의 자궁 깊숙이 박혀있는 총대, 마취 없이 꺼내고 나면 종교의 옆구리는 그제사 아프기 시작할까?
바다의 정수리에다 푸른 숨구멍을 내고 싶었어

순교자들의 잠을 서로 번갈아 덮어주자 언약하는 밤이야
어둔한 별빛마저 받아적는 풀잎들처럼 바싹 달아오르다 기우는 밤

보통강 둔치 버드나무길 늘어선 목젖들 순한 바람결에 벌어지고 센트럴파크 원형극장 닫힌 입술 열리면
뉴욕에서 평양까지 글썽글썽한 아담한 계절인 거야

두 대의 피아노를 위한 협주곡은 녹색 종소리가 묻어나야 끝이 나지
슬픔도 기쁨도 못 느끼던 구름의 행렬, 우리는 어느 비어있는 계절을 닫게 되는 걸까?

흰 벽의 성채 붉은 돔 천정으로 푸실푸실 눈 내리면
말괄량이 흰 고양이 건반 위를 걸려서 명년에는 꼭 그리로 시집보내고 싶어

김학련 2019년 계간 《동리목월》 신인상으로 등단.

늙은 리어카

김 홍 주

첫서리 내린 날 아침
전봇대에 묶인 리어카에서 들리는
바람 소리 밤새 젖어 있다

붉은 천 조각 위에
'아부래기'라고 썼다가
두 줄 긋고
다시 굵은 글씨로

'댕'을 지우고 '뎅'이라 썼다가
그 옆에 '어묵'으로 다시 쓴
우리 엄니들의 서툰 활자

자음과 모음이 서로 엉켜
삶의 모퉁이에 닳은
비린내가 난다

그렇게 세 아들 길러
서울로 장가보내고

홀로 남아 어묵 팔던 그 엄니

무릎 통증으로 절룩이더니
동짓날 천막을 걷고
쇠사슬로 리어카를 전봇대에 묶는

한없이 흔들리는 엄니의 어깨 위로
낮달이 하얗게 바래고 있다

김홍주 1989년 계간 《시와비평》으로 등단. 작품집 『시인의 바늘』, 『어머니의 노래에는 도돌이표가 없다』, 『흙벽치기』 외 동시 비평집 『꿈꾸듯 동시에 꽃을 피워요』 등 있음.

첫날

나 종 영

세상에 첫날이 아닌 날이
어찌 따로 있으랴

첫눈이 오는 날도
첫 매화 봉오리 움트던 날도
우리에겐 다 첫날이리니
첫 입맞춤에 가슴 조이던
수은등 붉은 불빛 위로 초승달이 뜨고

처음으로 잉크를 찍어 사랑의 편지를 쓰고
오월의 등나무 꽃그늘 아래
그대를 기다리던 날
장대비를 맞으며 하염없이 울며 걷던
뜨거운 비탈길
패랭이꽃 피는 언덕에 쌍무지개 떠오르던 날
산 고개 넘어 멧새가 울고
강물에 은빛 숭어 새끼 튀어오르던
어느 여름날의 까치노을

어머니 손을 꼭 잡고
둥근달 떠오른 뚝방 길을 걷다가
처음 들어보던 이름 모를 풀벌레 울음소리
외양간 어미 소가 몸을 풀어
어렵사리 송아지를 낳던 날

최루탄에 눈물범벅이다
전경의 쇠곤봉에 정신줄을 놓던 날
어두운 시절 밤새워 폭음을 하고
너브러져 잠이 든
십오촉 백열등 여인숙 방에 뒹굴던
빈 술병들,

무등 영산靈山 아래 수많은 사람들이
총검에 짓밟혀 쓰러지고
트럭에 굴비처럼 엮여 끌려가던 날
불온한 시 읽고 뭉치를 들고
오장동 삐거덕거리던 나무계단을 오르던 날

언젠가는 다시 오리라 생각했지만
결코 오지 않는
뜨겁고 그리운 순간들
뒷모습만 남기고 마른 잎새처럼
사라지는 쓸쓸한 날들이여

은사시나무 잎새마다

햇살이 반짝이던 날
백두산 가는 길 이도백하촌二道白河村
손에 잡힐 듯 정수리에 무지치기 폭포처럼
쏟아져 내리던 눈부신 별빛들
하얀 숫눈을 밟고 외갓집 가던
그 따뜻한 겨울날
시렁 위에 고소한 메주 냄새 풀풀
처음 맡던 날

처음, 처음, 처음이라는 폭풍이
가슴에 사금파리 빛으로
벅차오르던 날

어찌 세상에 첫날이 아닌 날이
따로 있으랴
혼자 가는 길도 함께 가는 먼 발걸음도
그 순간이 첫날
오늘도 내일도, 그날도
부디부디 오롯이 첫날이 아니랴.

나종영 19981년 창작과비평사 13인 신작시집 「우리들의 그리움은」으로 작품활동 시작. 시집 『끝끝내 너는』, 『나는 상처를 사랑했네』 등 있음.

젠트리피케이션

박 몽 구

가볍게 된장찌개나 라면 정식을 때우고
가까운 커피숍 문을 밀고 들어갔다가
화들짝 놀랄 때가 한두 번이 아니다
점심값보다 비싼 아메리카노 커피 가격을 보며
슬그머니 문을 밀고 나가려다
테이크 아웃시 2,000원 할인!
굵은 글씨로 쓴 문구를 발견하고
마음 돌려 줄 서서 커피 한 잔을 받아든다

밖으로 나오자 휙 몰아치는 꽃샘바람이
모래 먼지를 흐북히 끼얹는다
잠깐 앉아서 커피를 홀짝일 만한 공간
길을 한 잎 베어 물고 선
가게 입간판들에게 빼앗기고
아파트 앞 손바닥만 한 공터
터줏대감 비둘기들의 놀이터임을 말해주듯
벤치 위에 분비물들을 묻혀 놓아
엉덩이를 들이밀 자리가 마땅치 않다

이래서 토박이들이 갈수록 설 자리를 잃는구나
남의 일 같지 않아
커피 잔을 든 채 사무실로 돌아간다

가겟세가 천정부지로 오르면서
탁자를 그나마 갖춘 가게들에는
새로 퇴직금을 쏟아부은 사람들이 입주하고
보증금을 까먹은 원래 주인들은
의자가 사라진 테이크 아웃 커피숍으로
간판을 조그맣게 바꿔 단다

서울에서 내 집을 마련하지 못한 사람들
살림을 다 버린 채 원룸텔에도 들어가고
그나마 형편이 안 되는 사람들
도미노 블럭이 떠밀려 쓰러지듯
멀리 시계 밖으로
낡은 살림을 실은 채 떠밀려 간다

커피 한 잔 테이크 아웃으로 사들고
마실 데 없어
사무실로 돌아오는 길
내 자리도 왠지 사라질 것 같아
바쁘게 깜박거리는 신호등을 뒤로 한 채
서둘러 건널목을 달려간다

박몽구 1977년 《월간 대화》로 등단. 시집 『5월, 눌린 기억을 펴다』, 『라이더가 그은 직선』 외 다수.

장마

박 수 봉

물이 몸을 뒤틀며 황소울음을 쏟아놓는다
어떤 아픔을 만지며 흘러왔기에 물은
이렇게 벌건 울음을 여기에 풀어놓는가

천변에 앉아 어지러운 물소리에 귀를 세우다
나는 물이 우는 소리가 아니라
물에 베인 상처들이 우는 소리임을 알았다

무릎 꺾인 즐비한 신음 소리와
유민처럼 떠도는 찢어진 지느러미
둥지를 잃은 허둥대는 걸음이 모여
울음이 덩어리째 흐른다는 것을,

폭우의 이빨 자국이 선명한 도시의 저지대에서
한 발 한 발 오르는 게 힘겨워
지상의 계단을 접어버리고 반지하에 뿌리내린
음지 식물들,

물비린내 배인 잠을 앗아 가버린

폭우의 옷자락에 끼어있는 울음과
문틈으로 들여다보는 놀란 목소리까지
퉁퉁 불어서 울음의 갈기를 세우고 있다

물에 할퀸 통곡이 세상을 뒤흔들 때
도시를 가르며 흘러가는 물을 보며 나는
이제 그만 슬픔을 접고 고이 흘러가시라고
몇 장의 꽃잎을 물에 띄워 주었다

박수봉 2022년 전북일보 신춘문예 당선. 시집 『편안한 잠』 있음.

여수 낭만 밤바다

박 철 영

찰랑찰랑 파도에 혹해
쉬이 맘 드러내지 마라
바닷속 감춰진 파랑은 교묘한 것
욕진 밑창 뒤집으며
속창아리 없이 다 퍼준 뒤
말도 없이 매몰차게 떠난 뒤태를
한없이 바라봐야 하는 심사는 환장인 거지
들물 따라 돌산 머리 확 밀쳐버리고
내 앞에서 매몰차게 멀어졌지만
떠꺼머리로 마음 잡고 잘 되길 빌며
한 시도 널 내친 적 없다
여수 끝자락 망망한 불빛을 보며
간발로 놓쳐 따라 건너지 못했지만
밀친 바다를 탓하지 않겠다
파도 찰랑댈 때마다
스스로 무뎌진 칼 등을 돌려
자란 머리카락을 잘라낼 때마다
내 어딘들 편하겠느냐
잊겠다 떠나버린 꽁무니를 되돌려

다시 돌아오지도 않겠지만
부질없는 짓이려니 하며 탓하지 않겠다
첨벙첨벙 던진 말들이 살아나도
총총한 윤슬 슬어 달래듯
후회한다는 내색 않겠다

박철영 2002년 《현대시문학》 시 등단. 2016년 《인간과 문학》 평론 등단. 시집 『월선리의 달』, 『꽃을 전정하다』, 산문집 『식정리 1961』, 평론집 『해체와 순응의 시학』 등 있음.

수류탄 던지기

서 수 찬

체력장 종목에
수류탄 던지기가 있었다
무시무시한 종목이었다
아무 의심도 없이
어린 우리들은 수류탄을 던졌다
모형이라 터지지는 않았지만 대신
우리 속에 남아있는
민족이란 말이 터져 버리고
한 핏줄이라는 다리가
날아가 버렸다
만점이란 점수로
제빨리 봉합해 버려서
우리는 어른이 되어서도
불구인지 모르고 살았다
졸업 앨범에 살아남았다고
증명사진까지 실었다
파울이나 실격 처리되면
금방이라도 우리나라가 무너질 것처럼
원산폭격을 시켰다

나는 오래간만에 만난
고등학교 친구들에게
건강하게 살아 있어서 반갑다고 인사했으나
북쪽 얘기 끝에
그때 던진 수류탄이
얼마나 무서운가 알았다
우리들 속에 또 하나의 3·8선을
그어 놓았다

서수찬 1989년《노동해방문학》에 시를 발표하며 작품활동 시작. 시집『시금치 학교』,『버스 기사 S 시인의 운행일지』등 있음.

용접봉

손 석 호

몇 년 전 블록 조립장에서 추락했던 그가 빈 뗏목처럼 선박 수리소로 떠내려 왔다 야윈 시간의 주름을 따라 절망이 아무렇게 꿰매진 얼굴, 산소절단기의 푸른 화염이 H-빔의 목을 베고 녹지 않는 단단한 오늘을 용접하고 있었다 추락하는 쇳조각이 비명을 지를 때마다 지병이 벌떡 일어나고 덩달아 이슬이 황급히 땅바닥으로 추락했다 오전의 견고한 내장이 가열과 냉각을 반복하는 동안 철골은 불꽃을 먹고 무럭무럭 자라고 용접봉의 꼿꼿한 몸이 쉴 새 없이 꽃을 뱉었다 멀리 볼 수 없어서가 아니라 멀리 보지 않아서였을까 해가 정수리를 건너 이글거리자 버티고 있던 경추의 수직이 둥글게 말렸다 문득 용착되지 않는 이종 금속처럼 갈라지는 울음 녹을 긁어내듯 수없이 슬픔의 껍질을 벗겨내도 박힌 돌처럼 견고해 무엇도 달라붙지 못했다 턱을 괸 채 쌓고 무너뜨렸던 이쑤시개 탑처럼 연습으로 살 수 없었던 세계 자고나면 의무처럼 울음을 때우며 피던 한 번쯤 뜨겁고 싶었던 꽃

손석호 2016년 《주변인과문학》 신인문학상 등단. 시집 『나는 불타고 있다』, 『밥이 나를 먹는다』 등 있음.

이석증

송 계 숙

시계 방향으로 감긴 태엽이 빠르게 풀리면 이럴 거야
자명악도 아닌 것이 스스로 소리를 낸다
고개를 빳빳이 쳐들고 산 형벌인가
땅만 내려보며 살란다

습관 참 무섭다
땅 보며 사는 일이 이토록 어렵다니
끄덕끄덕 고개 흔들어도 안 된다
노상 하는 일이 끄덕여주는 일인데

시계 반대 방향으로 머리가 돌아버리면
잠시 멈춰 서서 숨 고르기를 하자

말이 안 되는 헛소리에도
고개 끄덕여주며 참아야 하니
잘 감아둔 정신줄이 풀렸나보다

태엽 다 풀린 시계마냥 느그적 지나간 2주
습관을 못 이기고 다시 의사를 기다리는 호된 형벌

송계숙 《시와시학》 등단. 시집 『내 안에 갱도가 있다』, 『붉은 물음표』, 『나무기둥의 희망』 등 있음.

제 뿌리를 달래는

신 남 영

올해의 마지막 꽃을 달고 있는 너는
연붉은 점점으로 낙화를 준비한다

꽃이 지고서야 온전히 드러나는 네 근골은
시간의 무늬를 겹겹이 새겨놓은 추상의 집

불타오르던 지난 계절의 풍요도 사라지면
새록거리며 떠오를 네 기억들이 지워질까

꿈속에 만나 말없이 스치는 일처럼
다정한 회신이 없어도, 검은 빛으로 스러지는
저녀 하늘에 다함없이 붓질하는 구름의 안부들

뜻밖에, 마지막 꽃을 떨어내는 목백일홍
매끈하게 빗어내린 관능의 가지 아래로
무심히 떨어지는 절정의 시든 몸

백일이 다 가도록, 저 꽃이 다 지도록
스쳐가는 한 때의 열망은 아니라고
덤덤히 빈 허공을 붙들며 제 뿌리를 달래는 것이다

신남영 2013년 《문학들》 신인상으로 등단. 시집 『물 위의 현弦』 있음.

봄

신 동 원

옛친구에게서
편지가 왔다

옛친구 만나
나만 꽃피었습니다
잔잔하게 웃었습니다

나도 따라 꽃핀다
말없이 웃는다

이 봄
우리 모두는 꽃이 된다
고통도 상처도 절망도
꽃으로 피어난다.

신동원 1986년 무크지 《민의》로 등단. 시집 『오늘은 슬픈 시를 쓰고 싶다』, 『다시 첫사랑을 노래하다』 등 있음.

눈 내리는 밤

심 춘 자

자정이 넘어 도착한 응급실 생의 모진 바람을 맞고도 거뜬히 살아냈던 노구가 누워 있다. 금방이라도 부러질 듯 겨울 나뭇가지 같은 손가락, 손등에 무수하게 찍힌 바늘자국, 홀로 음압실에서 떨고 있다. 힘없는 눈동자는 피붙이도 몰라보고 허공만 바라보고 있는데…… 지난 성탄절 포옹도 없이 돌아선 발길이 가시가 되어 눈물보다 먼저 가슴에 박힌다.

너절한 변명과 핑계 입안에서 맴돌고

엄마……
엄마……
엄마……

당신에게 닿지 못하고
회한으로 마스크를 적신다.

심춘자 2018년 《문학사랑》 신인작품상으로 등단. 시집 『낭희라는 말 속에 푸른 슬픔이 들어 있다』 있음.

약속

양 곡

우리 모두 한번 사는 인생 서글퍼지지는 말자며
오늘은 아내와 손잡고 대원사계곡길을 걷는다
같이 살아갈 날들보다는 각기 헤어져 살아온 날들이
아무리 헤아려 봐도 더 많아서 쓸쓸해지는 날
우리 서로 안타까워하며 우리 서로 두 손 꽉 잡으며
이제는 사랑을 기약하는 일조차 점점 부끄러워져 가는
생의 늘그막에서 우리 앞으로 살아가는 날들만큼은
어떤 날 어떤 난간이 닥쳐와도 서로 서글퍼하지는
말자며 손가락 걸어 맹세하며 대원사 계곡길을 걷는다

양 곡(본명 양일동) 2002년 《문예운동》으로 작품활동 시작. 시집 『덕천강』, 『혁명은 오지 않는다』 등 있음.

극지를 꿈꾸는 시간

엄 하 경

남극 차디찬 얼음장 밑에서
갈퀴 너덜해지도록 먹이를 구해온 엄마 펭귄이
까우우 목청껏 새끼를 부르면
옹기종기 모여 추위 견디던 아기 펭귄들은
그 주파수를 따라 용케도 제 어미를 찾아간다지

무럭무럭 자라난 새끼가
새끼를 낳으러 들어간 산부인과 병동은
코로나 19로 금줄을 치고
어미조차 들여보내 주지 않는다
절박한 사유를 들이대 보지만
금기의 문은 열리지 않는다

상징처럼 폐비닐이 펄럭이고
마스크 행렬만 떠도는 휑한 거리에서
마스크도 코로나19도 없을
극지를 그리는 간절한 시간
나는 먼바다에서 돌아온 황제펭귄처럼
까우우 끊이지 않는 어미의 주파수로
새끼의 이름을 애타게 부를 뿐이다

엄하경(본명 엄미경) 2003년 《시사사》 신인상으로 등단. 시집 『내 안의 무늬』 있음.

엄마와 시

여 국 현

엄마의 부재중 전화에 전화를 했다
두 번쯤 신호음이 가더니 아들! 하는 말뿐
전화기 너머로 울음소리만 한참 들려온다
말없이 울기만 하던 엄마
고맙네 아들 한다
보내준 시집 받았네
미안해 아들
그리고 또 한참 말 대신 건너온 울음

엄마는 언제나 그랬다
아들 중학교 마치고 기숙사 들어갈 때도
고등학교 졸업식에서도 회사 입사할 때도
결혼 후 대학원 간다고 서울 올라올 때도
석사 박사학위 논문 심사 후 전화 드렸을 때도
엄마는 언제나 그랬다
미안해 아들

어릴 땐 그 소리 외면했다
머리 조금 굵고 버럭 화를 냈다

부모가 되고 비로소 엄마의 미안해 속에서
사랑해 고맙다를 더 크게 알아듣게 되었다
아들 첫 시집이 뭔 대수라고
엄마는 또 그 말을 하고 운다
미안해 아들

텅 빈 집에 혼자 앉아
아들 첫 시집 받아들고 울고 있을 생각에
지하철 안이라는 것도 잊고 울컥했다
하지만 나는 웃었다
웃으며 큰 소리로 말했다
엄마 뭔 그런 말씀을 하시는가
엄마 없이 그 시집 나왔겠는가
고마워요
그러니 우지 마시게
아니 우시게 대신 기뻐해 주시게
엄마가 울다가 웃었다
그래그래 고맙네 아들
미안해 아들

나는 이제 엄마가 미안해 아들 해도
외면하지도 버럭하지도 않는다
엄마가 한 번도 말 못한
사랑해 고마워가
햇살 받은 나뭇잎처럼 반짝이고
천둥번개처럼 울리는 걸 듣는다

혼자 빈방에서 잠들고 깨는
엄마를 웃게 할 수만 있다면
나는 시를 쓰겠다
미안해 아들 하는 엄마에게
사랑해 엄마 말하는 시들을

여국현 2018년 《푸른사상》 신인상 등단. 시집 『새벽에 깨어』, 『들리나요』, 전자시집 『우리 생의 어느 때가 되면』과 영역 『박인환 선집』, 『임보 선문답 시집』 등 있음.

그 꽃들을 보다

염 창 권

윗동을 싹둑 자른 배롱나무 묵묵하다,

4월 햇빛이 그 자른 부위의 이끼 핀 곳, 문지르니 그 뭉툭한 뼈마디로 에워싼 안쪽의 공기층이 뜨겁게 맴도는데 무슨 기별이라도 있는지 새 날아들어,

내 눈에 안 보이는 한 겹 그물을 뚫고 간다.

마구잡이로 우듬지를 잘라버린 것들이,

예의 그, 안 보이는 공중의 그물에 초록초록한 가지를 드리우기나 한 것처럼, 소란한 지저귐과 핏피 같은 그리움으로 발갛고 또 맑게 번져오던 붉음이 여태까지 백 일 넘게 타다가 이운다,

안으로 거두었던 말의 눈시울 또 붉겠다.

염창권 1990년 《동아일보》 신춘문예 시조, 1996년 《서울신문》 신춘문예 시로 등단. 시집 『마음의 음력』, 『한밤의 우편취급소』 등 있음.

사라진 꿈

오 선 덕

얼굴 절반이 날아갔어요
누군가 찬 발길질에

새의 날개를 타고 여행하는 꿈을 꾸었죠

한쪽 눈을 아무리 크게 뜨고 봐도
세상은 언제나 뭉개져 있어요

귀를 활짝 열어도
새의 노랫소리가 점점 멀어져요

절반은 어디로 갔을까요
긴 목을 세운 채 민들레 민들레

구름처럼 떠다니다 다시 태어나는
그곳은 어디일까요

세상은 모르는 것 천지죠

몇 번의 생을 살았을까요
쌓인 업들은 어디에 두었을까요

아랑곳없이 바람은 불고
꺾인 목은 통증이 없습니다

오선덕 2022년《시와문화》등단. 시집『만약에라는 말』있음.

새해는 힐링이다

오 현 정

상록수의 선율에 새벽이 눈을 뜬다
머리맡의 삼백예순다섯 날이 와락 달려온다

덜 깬 잠 부비며 하나씩 선물을 가만히 풀어본다
물오른 절기마다 수다 꽃이 핀다

대설에 첫눈을 기다려도 예보는 빗나갔다
해거름에 혼자의 그림자 끌고 들녘을 오래 걸었다

문설주에 쓴 입춘대길 바람에 휩쓸려 날아갔다
까치가 물어온 소중한 남은 날들이 가만히 손을 잡는다

지나간 시간조차 아무것도 모른 체
곡우 맞으며 밭으로 나가는 저 농부처럼
하늘 우러르다, 만나지 못한 사람 마중 간다

오현정 1989년 《현대문학》 등단. 시집 『지금이 가장 좋은 때』, 『라데츠키의 팔짱을 끼고』, 『몽상가의 턱』 등 10권과. 동시집 『리나, 고마워』 있음.

피 순댓국

유 순 예

피처럼 검붉게 살다 가신 당신
당신이 사 주시던
피 순댓국
피처럼 검붉게 살고 있는
당신 부인이 사 주시네요

땡볕 놉 얻어서 농사지은 푸새들 내다 판
피 같은 돈으로
핏줄에게 피 순댓국 먹이시네요

고추 따야 한다 배추 심어야 한다
눈만 뜨면 싸우다가도
한쪽이 몸져누우면 애걸복걸하시던
부부 인연 끊은 지 십여 년

피처럼 검붉게 살다 가신 당신
당신은 먹지 않아도 배부른 세상에서
지그시 내려다보시고
피처럼 검붉게 살고 있는

당신 부인은 먹어도 허기지는 세상에서
넌지시 올려다보시는

핏빛 그리움 한 대접

유순예 2007년 《시선》으로 작품 활동 시작. 시집 『나비, 다녀가시다』, 『호박꽃 엄마』, 『속삭거려도 다 알아』 등 있음.

처서處暑, 2022

유 진 수

무더위 지났다고 모기들은 칼을 꺾고
자결하지 않는다

더도 말고 덜도 말고
천고의 풍요를 노래하고
미완의 혁명을 즐길 때, 그들은

입추의 풀숲에 납작 엎드려
백로의 형광등 그늘 뒤에서
회심의 일격을 준비했다

절기마다 방황하는 너에게 묻는다

가져 본 자와 가져보지 못한 자
누가 더 간절했던가

고혈을 맛본 자와 맹탕에 주린 자
누가 더 간절했던가

간절함은 정의가 아니라 욕망이다

그들은 이기는 길목을 알고 있고
황도의 좌표를 또렷이 기억하고 있다

처서 지나 모기 입이 틀어졌다고
창공 아래 태평소 고즈넉이 불지 마라

침수된 반지하 창틀에 매달려
수중 절규 죽어간 장애인 일가를 향해
왜 대피하지 못 했냐고 묻는 대통령을
왜 뽑았는지
저 장대비보다 크게 답할 수 있을 때까지

처서 지나 모기 입이 틀어졌다고
달빛 아래 한가로이 풀피리 불지 마라

차가운 바다 수장된 어린 목숨 앞에
구명조끼 입었다는데
왜 구조하지 못 했냐고 묻는 대통령을
왜 뽑았는지
저 파도보다 애절하게 답할 수 있을 때까지

유진수 2021년 《세종문학》 신인상 수상. 시집 『바로 가는 이야기는 없다네』 있음.

슬픈 자화상

유 현 숙

숲은 미로
입추와 처서가 지나고 한로와 상강이 지나도록
안개 속을 걷습니다
근본 없는 질문은 묻다가 묻히고
손끝이 내젓는 허공에 걸린 것은 무언가요
물방울이고 그림자 같은 백날은 짧은 시간일까요, 긴 시간일까요
여름 끝과 가을이 담겨있는 한 계절을 일생이라 부를 수 있을까요
이 세상이 서툴러
무간지옥처럼 상처받고 천당처럼 웃었던
생애 붉은 한 마디
헬렌*처럼 당신을 그리고 싶었고 백석처럼 당신을 쓰고 싶었습니다

정현, 내 전생의 자화상

당신을 사랑하는 데는 하루가 걸렸지만**
당신을 잊는 데는
비단 옷자락으로 백년마다 닦은 유순의 바위가
닳아 없어져야 할까요
꿈을 같이 꾸지 못하고
빗소리를 같이 듣지 못하지만

어느 날에는
천궁天穹을 흐르는 떠돌이 별로 떠돌이 바람으로
만나는 날 있을까요

정현, 내 후생의 자화상

*헬렌 쉐르벡 : 핀란드 화가
**故 장영희 님의 시 중에서 빌려옴

유현숙 2001년 동양일보 신춘문예, 2003년 《문학·선》 등단. 시집 『몹시』, 『외치의 혀』, 『서해와 동침하다』, e-book 『우짜꼬!』 등 있음.

고마운 하루

윤 석 홍

붉은 해가 어둠을 밀어내는
새벽이 오면 아픈 몸 이끌고
어김없이 일터로 가야 한다

오늘도 살아남을 수 있을 거라는
믿음으로 맞는 아침은 난감하다

배고프면 밥을 먹어야 하고
졸리면 잠을 자야만 한다

소리는 입에서 눈물은 눈에서
상처는 몸 속에서 웃음은 얼굴에서
죽음은 어디에서 볼 수 있을까

매일 앓는 소리를 내며
밤을 지새지만 몸은 늘
악몽으로 축축이 젖어 있다

삶의 수분은 그렇게

빼앗기고 한 줌 부서진
삶의 조각을 용접한다

땀에 절은 상처에는
보상이 없다는 것을
스스로 깨닫는 하루

이승과 저승 사이를
넘나드는 신기루 같은 하루는
불귀순不歸順의 싸움터다

가족의 얼굴이 떠오르고
뜨거운 숨결이 희망으로
피어나는 공간이다

안전제일, 생명존중, 고용보장, 삶이 있는 저녁, 비정규직 철폐를 골고루 넣고 땀으로 잘 비빈 밥을 먹으며 오늘도 무사히 집으로 갈 수 있는 고마운 하루가 되도록 기도를 올린다

윤석홍 1987년 《분단시대》로 작품활동 시작. 시집 『저무는 산은 아름답다』, 『경주 남산에 가면 신라가 보인다』, 『북위 36도, 포항』. 산문집 『길, 경북을 걷다』, 『지구별이 아프다』 등 있음.

트릭 오어 트릿trick or treat

이 다 빈

천국과 지옥에서도 거부당한
구두쇠 잭의 심술인가
“과자를 안 주면 장난칠 거야”
배나무밭에서 아일랜드 순무가 소리쳤다
코스튬에 들뜬 철모르는 아이들
냉혹한 자본의 눈물에
낙엽처럼 이리저리 나뒹굴다
차가운 10월의 밤에 갇혔다
어디에서 온 건지
어디로 가는 건지도 모른 채
벼랑에서 돌고 돌아
골목길에 흩뿌려진 가녀린 꿈들
발버둥 치며 지나온 풍경이
아스라이 멀어져 갈 때
등불 속의 잭
이승의 정 떼어내고
날개 펴고 훌쩍 천국으로 간다

이다빈 1996년 『한국현대시30선』으로 등단. 작품집 『문 하나 열면』, 『잃어버린 것들』 등 있음.

고라니가 우는 저녁

이 명 윤

고라니가 운다 오래전
이불 밑에 묻어 둔 밥이라도 달라는지
마을의 집들을 향해 운다
사람의 울음을 고라니가 우는 저녁
몸속 울음들이 온통 애벌레처럼 꿈틀거린다
수풀을 헤치고 개울을 지나
울타리를 넘어 달려오는 울음의
발톱이 너무도 선명해서
조용히 이불을 끌어당긴다
배고파서 우는 소리라 하고
새끼를 찾는 소리라고도 했다
울음은 먼 곳까지 잘 들리는 환한 문장
지붕에 부뚜막에 창고에 잠든
슬픔의 정령이 일제히 깨어나는 저녁
나는 안다 마당의 개도 목련도
뚝 울음을 그치고 달도 구름 뒤에 숨는
오늘 같은 날엔
귀 먹은 뒷집 노인도
한쪽 손으로 울음을 틀어막고
저녁을 먹는다는 것을

이명윤 2007년《시안》신인상 등단. 시집『수화기 속의 여자』,『수제비 먹으러 가자는 말』등 있음.

푸른 약방문

이 소 암

주소 지워진 마을,
모두 떠밀려갔으므로
누구든 쉽게 돌아올 수 없는 곳
하제 팽나무* 홀로 남아
사라져가는 기억을 잇대다가
제 몸 안에 하제 포구 들여놓았다
팽나무에 가만히 귀기울이면
박제된 갈매기 울음소리 일어선다
켜켜이 쌓여 있던 어부들 발자국
일제히 흐르는 소리 들린다
어디쯤 닻을 내린 걸까
그래도 고향이라고
그리움 번져 온몸 가려운 노인 몇
풀씨처럼 날아오면
맨발로 일어나
반가이 팔 휘젓는 팽나무,
그 어떤 문진도 없이
푸르디푸른 약방문부터 내민다

*하제 팽나무 : 군산시 옥서면 선연리 1238-9. 옛 하제 마을에 있는 수령 600여 년의 나무. 전라북도 기념물 제148호.

이소암 2000년 《자유문학》 등단. 시집 『눈부시다 그 꽃!』, 『부르고 싶은 이름 있거든』 등 있음.

청개구리 엄마

이 숙 희

감성과 이성의 줄타기 사랑
저울질이 필요없는 나이
사랑니가 썩고 있다
이웃집 기웃거려
생을 멈추게 해야 한다
머리끝 발끝 손끝 뒤흔든 사랑
이별은 하늘과 땅이 뒤집어진다
어리다고 자기 계산이 없는 건 아니다
열세 살
덧니를 없애고 컴퓨터 세상을 만나는 아들
가방 들려 학원 보낸 청개구리 엄마
사랑니 없애고 떠내려가는 내 무덤
다시는 돌아오지 못하게 안녕

이숙희 1986년 《한국여성시》로 작품활동 시작. 시집 『옥수수밭 옆집』, 『바라보다』 등 있음.

아들과의 산책

이 영 춘

서른을 훌쩍 넘긴 아들과 강둑길을 걷는다
오래 묵은 이야기들이 체증을 뚫는 듯
강물도 흥겨워 흥얼거린다
느닷없는 아들의 말, 심장을 파고든다
"엄마, 우리들 키우느라고 고생하셨어요.
그 어려운 시절에
우리를 이 집 저 집에 맡기면서……
직장 다니시느라고……"
아들은 말을 더 잇지 못하고
노을이 걸린 하늘을 올려다본다
나는 하늘이 쿵- 내려앉는 듯
오래오래 삭혔던 눈물이 혈관을 타고 올라온다
'죽은 시인의 사회' 같은 사각의 틀型 속에서
화장실에 가 젖을 꾹꾹 짜 버리면서도 먹이지 못했던
한의 눈물, 한의 핏물, 거꾸로 솟는다
하늘이 버얼겋게 눈을 뜬 채 내 얼굴을 포옥 감싸 안는다
아들은 어느새
이 어미의 몸과 마음이 불꽃처럼 아프던
그 나이에 이르러

어미 발자국에 고인 눈물의 내력을 알아차렸는가
어미의 뒷모습에 걸린 고단한 그림자의 기억을 읽어 내었는가
나는 오래도록 숨죽이며 내 안에 흐르는 강물 소리를 듣는다
아들과 잡은 손에 따뜻한 피가 돌아가는 소리를 듣듯이

이영춘 1976년《월간문학》등단. 시집 『노자의 무덤을 가다』, 『그 뼈가 아파서 울었다』 등 있음.

청춘 병동

이 윤

거기에는 교장 선생님, 치우 할아버지, 농부, 공무원, 시인, 소설가, 총각, 처녀와 누군가의 아버지 어머니라는 이력을 달고 하얀 수염과 노란 머리칼과 창백한 아이들이 한곳에 누웠다. 창밖은 벚꽃이 훨훨, 만개 못 한 저승꽃 물끄러미 눈동자 굴린다

한 생生이 비로 내렸다가 무지개로 피어오르는 중환자실 구석. 작은 여자가 배시시 웃고 있다. 먹는다는 건 아직 숨 쉴 수 있는 날이 더 길다는 걸까, 병이 병을 건드려 눈 젖는 아침. 안녕! 치우 할아버지 습관적 인사에 새근새근 빨간 장미 비상문 연다

이 윤 창조문학신문 신춘문예 신인상으로 등단. 시집 『무심코 나팔꽃』, 『혜윰 가는 길』 등 있음.

토함산을 오르며

이 윤 경

나무 한 그루 시퍼런 몸이 꺾인 채
비탈길에 엎드려 있다
맺은 열매 없어도 벌떡 일어나서
견뎌온 폭풍의 날을 회상하며
가을로 물들고 싶지는 않았을까

거꾸로 오체투지하고 숙연해진 저 몸
형형한 눈빛처럼 빛나는 저 잎들
뿌리가 밀어 올린 천불천탑이 아니겠는가
떨어져 내릴 수 없는 공이 아니겠는가

찢긴 살갗으로 종소리 스며들면
바람으로 쓰러지고도
바람에게 잎을 흔들어 주는 것을 보아라
생채기 난 시간들이 망각의 비탈을 핥아가며
독경소리에 매달려 경건해지는 것을 보아라

멀리 날아가는 새소리조차
어느 엄한 말씀 같아서
발걸음 조심조심 햇살을 헤집고 오른다

이윤경 1996년《문학공간》으로 등단. 시집『빈터』,『눈부신 고독』등 있음.

종種의 기원起源*

이 정 섭

맨드라미를 생각했다 꽃대마다 잠자리를 유혹하는 단내가 달렸을 거야 자전거가 넘어지고 쏟아진 막걸리에서
아지랑이
무릎보다 아지랑이가 아팠다
자전거를 끌고 긴 시간 도움닫기 해서 도착한 옛집 어디에도 단내는 보이지 않았다 당연히 잠자리는
거기
없었다

확신할 수 없는 나를 지우고 구름을 그렸다 내륙에 발달한 고기압의 변두리로 전송되는
구름
기상도에 없는 바람이 불고 고기압 가장자리 구름의 색깔을 상상했다 상상하는 나를 접어 구름 가까이 종이비행기를 날렸다 구름에 둘러싸여 필연적으로 추락하는 종이비행기를 타고
먼 곳으로 날아가
부지런히
구름의 꿈을 색칠했다
몰락한 왕조에서 답을 구했지만 오래 구름을 앓다가 나는 까마득한 기억이 되었다

내용을 알 수 없는 갑골문처럼

바람 속으로 아이들이 달려간다
바람 속에서 불어오는 아이들 출구를 찾아 아이들은 바람 소리를 낸다 바람 사이로 첫 아이의 그림자가 흐르고
손톱처럼 아이가 자란다
자라는 것들은 모두 깔끔하게 잘라야 해
잘 자라는 아이들의 등에
우리는
총을 겨누고
바람이 넘어진다
잘 넘어지는 법을 배우기 위해 아이들은 공장에 간다
새것을 꿈꾸는 공장은 수줍고 창조적인 곳
공장을 따라가던 아이들이 사라지고
우리는 발생한다
낯을 가리지 않는 상품인 듯
아닌 듯

흡혈을 자랑하던 송곳니를 감추고 잠잠해진
공장 근처
수척해진 저녁을 공공연히 도모하던 우리는 낯선 시간의 뒷골목을 배회하던 우리는 사소한 잡담마저 끊고 우두커니 아침을 기다리던 우리는
차가운 거리를 가로질러 안개 속으로 부고도 없이 늦은 어둠 속으로
자욱한 사람들
속으로

*찰스 다윈.

이정섭 2005년 《문학마당》으로 작품활동 시작. 시집 『유령들의 저녁식사』, 『유령들』 등 있음.

비, 그리고 기다리는 동안

이 지 현

기다린다고 단비가 오지 않는다
바란다고 내리는 건 더더욱 아니다

오지 않을 비를 그리다
내리지 않으면 고이는 원망

호미로 쇠스랑으로 잔돌 골라내고
이랑을 만들었건만

아픈 만큼 성숙한다고
결실을 거둘 때까지 인내하라 하는가

땅이 타들어가고 생채기 났지만
싹을 틔우겠다는 마음은 절절하다

저 산등성이 너머
목 빼고 쉼 없이 도는 바람개비 있다

이지현 2020년 《시에》로 등단.

초파일

이 진 욱

쌀을 안칠 때 한 줌 씩 덜어내던,
그런 어머니와 닮은 암자庵子로 따라나섰다

기척이 뜸한 귀퉁이에 거뭇하게 녹슨 작두펌프
넝쿨이 끌어온 어린 칡잎이 입을 적시고
경 읊던 박새도 목을 축이고 가는 약수

코 닳고 귀 떨어진 석불 앞에 나서지 못하고 외려 물만 보시받았다

반질반질 맨살을 드러낸 손잡이
펌프질을 할수록 주둥이에서 힘 좋은 물줄기가 솟아올랐다
맘껏 퍼 올려도 줄지 않을 것처럼

한때 나는 모질도록 펌프질을 멈추지 않았고
줄 게 없던 어머니의 몸속에서 슬픈 소리가 났다

얼마나 파고 들어가면 쏟아낼까
반쯤 잠긴 내가 허우적대던 그 눈물

이진욱 2012년 《시산맥》으로 등단. 시집 『눈물을 두고 왔다』 있음.

범고래

임 경 묵

폐경은
범고래 들쇠고래 흑범고래 사람에게만 있다고 한다
야생에서 침팬지 고릴라 오랑우탄 암컷은
죽을 때까지 새끼를 낳는다
그중 범고래는 아흔 살까지도 사는데
대개 삼사십 대 젊은 나이에 생리를 멈춘다
이게 다 제구실 못하는 수컷 자식을 돌보기 위해서라니……

나 취업 시험 준비한답시고
종일 방구석에 틀어박혀 차려준 밥상이나 축내고 있을 때
잠시 바람 쐬러 간다고 해놓고
밤거리를 빌빌거리며 돌아다니다가
새벽까지 역전 만화방에서
낡은 무협지를 넘기고 있을 때

어머니는 눈보라 치는 그 새벽에
얼굴에 붉은 꽃을 피우며 행상을 나갔다
자꾸 온몸이 확확한다는 어머니는
그해 겨울,

자주 연탄불을 꺼뜨렸고
아버지와는 각방을 썼다

그런 어머니한테
체질이 바뀌어서 추위도 안 타고
얼마나 좋으냐고
연탄값이 덜 들어 얼마나 절약이냐고
너스레를 떨면서
한 달이면 서너 번씩 쥐여 주는 용돈을
게 눈 감추듯 받았으니…….

임경묵 2008년 《문학사상》으로 등단. 시집 『체 게바라 치킨집』, 『검은 앵무새를 찾습니다』 등 있음.

국화 수 놓는다

임 미 리

꽃 피우는 일, 간절한 기다림이었다.
부드러운 봄날의 유혹과
뜨거운 여름날의 고통, 켜켜이 쌓여
찬란한 오늘, 향기로 수놓는다.

수많은 불면의 밤을 지새우고
수면의 시간은 더욱 고통스러웠다.

어제의 소슬바람이 떠나고
오늘의 신선한 바람이 다녀갔다.
어제의 꽃잎 눈을 뜨지 않았으나
오늘의 꽃잎 새로운 눈을 떴다.

그날이 그날 같지 않았음을 알기에
두 손을 모아 감사의 기도를 올린다.

영혼까지 탈탈 털렸던
혹독한 지난여름을 보내며
쓸쓸하게 오래 비워두었던

그대들의 의자에도 국화 수놓는다.

때를 기다리며 수없이 저를 다독였으리라.
가만히 저를 내려놓았기에
국화는 세상을 수놓을 수 있었으리라.

서릿바람 속에서도
국화는 향연에 물들 줄 안다.

임미라 2008년 《열린시학》 등단. 『엄마의 재봉틀』, 『그대도 내겐 바람이다』 등 있음.

아무래도 나는 여기에 없는

장 옥 근

하늘로 간 사람들
어디에 닿았는지

얼굴 없이 발 없이
위쪽으로만 향할 때

아무도 부르지 않는 이름

밤 내 빗방울 깨지는 소리로 맺힌

처음부터 없었던
소금밭이 멀리까지 이어지는

맨발에 피 흐른다

안다고 믿었던 사람들
붉은 물감 푼 물길 속으로 사라지고
백일 동안 피어있는 꽃
흔들리는 저녁 다시 오고

푸른 무 싹 고추 갈아 비벼놓은
풋내 나는 김치 양푼 가득
침 고이는

아무래도 나는
여기에 없는

장옥근 2013년 《시와경계》로 등단. 시집 『눈많은그늘나비처럼』, 『가을 살청』 등 있음.

시간의 조각들

정 가 일

황갈색 줄무늬 다람쥐가
잘린 나무둥치에 오뚝하니 앉아 입을 오물거리다가
쏜살같이 내 앞을 가로질러 달아난다
천년 고목과 하루살이의 경계를 사뿐히 가로지르는
저것,

조금 있으면 추위는 몰려올 것이고
밖에 널어놓은 야생 버섯이나 거두어들여야겠다
조금은 덜 말랐을 것이지만, 오색 코스모스 머금고 있는 푸른 바람결에 매달아 두면
온 들판이 버섯 향기로 채워지겠다

이 가을엔,

정가일 평화신문 신춘문예 당선. 시집 『배꼽 빠지는 놀이』, 『사랑이라 말하기에는』 등 있음.

동백대교 지나며

정 완 희

금강 하구 뻘물 빠져나간 부둣가
생선 비린내 갯내음 바람 속으로 부잔교를 건너
군산호 서천호 타고 통통거리며 건너던 시절

가방 큰 장사꾼은 그때 목청도 좋았지
군산에서 장항까지 쉼 없이 떠들어도
눈치만 보며 물건 사는 사람 별로 없어도
가방 속에서 신기한 물건이 끝없이 나왔었지
마주 본 갈래 머리 여학생과의 수줍은 침묵이거나
발 디딜 틈 없는 주말 만원 배 속의 숨 막힘 속이거나

걷고 기다리고 배를 타고 한 시간씩 걸리던
지금은 2킬로 삼분도 안 걸리는 동백대교 달리며
배에서 내려 장항 부두에서 장항역에 가거나
부여행 버스에 오르던 시절을 생각했다네
일요일 저녁 무거운 쌀자루 메고 김치 들고 군산으로
힘겹게 다녔던 검정 교복의 시절이 있었다네

그래 참, 세월은 무심하게 흘렀지

월명공원 수시탑 달빛 아래 수줍은 겹동백이거나
비인 동백정 언덕에 한 떨기 붉은 동백이거나

정완희 2005년 《작가마당》 등단. 시집 『어둠을 불사르는 사랑』, 『장항선 열차를 타고』, 『붉은 수숫대』 등 있음.

맥박을 읽는 구름

정 지 윤

병실, 아버지는 고요하다
나는 그 저항을 안다
호흡기의 낮은 수위
아버지를 읽는 구름, 서쪽으로 사라지는
맥박, 둥둥 떠다니는 몸들
링거병 속에서 환한 안내 방송이 들린다
환승창 너머에서 물을
꾹꾹 삼킬 때 알약같이 쓴 이름들
주름진 가방이 손을 지그시 잡는다
아버지 몫의 아침
전동차가 떠난다

정지윤 2015년 경상일보 신춘문예 등단. 시집 『나는 뉴스보다 더 편파적이다』 있음.

추錘

조 삼 현

우주 어딘가에
사람의 눈으로는
보이지 않는,
가늠할 수도 없는
거대한 저울이 있어
사랑의 무게를
재보는 추錘

어머니

조삼현 2008년 《우리시》 등단. 시집 『어느 수인에게 보내는 편지』 있음. 《시와문화》 작품상 수상.

풍경

최 상 해

저상버스를 기다리던
휠체어 탄 여성 앞에 버스가 섰다
버스에 오르려는 이들이
누구나 할 것 없이 휠체어 뒤에 줄을 섰다
리프트를 몇 번 움직여 보던 기사는
고장 난 것 같다고 미안하다며
친절하게도 정말, 미안하다며
휠체어만 남겨놓고 정류장을 떠났다
리프트가 잘 작동하는지 움직여보고
운행을 해야 하는데
자주 있는 일이라지만,
휠체어가 시큰둥하다
세 번째 버스를 기다리면서부터
오히려 휠체어는 여유가 있는데
내 발이 동동거린다
기다리는 버스는 오지 않고
휠체어 뒤에 언제부터 줄을 섰는지
버스를 기다리는 이들이 까마득하다

최상해 2007년《사람의문학》등단. 시집『그래도 맑음』,『당신이라는 문을 열었을 때처럼』등 있음.

물그림자

최 형 심

나비 그림자가 윤슬 위를 걸었다.

물고기 한 마리가 그림자를 물고 달아났다.

물 아래, 고요의 잔뼈가 천천히 가라앉고 있었다.

최형심 2008년 《현대시》 등단. 시집 『나비는, 날개로 잠을 잤다』 있음.

저녁 해가 따뜻한 시간

표 성 배

저녁 해가 창문을 살짝 엽니다
긴 하루,
시간은 언제나 지나간 뒤에야 후회를 낳지만
되돌릴 수 없는 것이 시간이라는 것을
너무 늦게 알았답니다
병원 건물 앞을 지나칠 때만 해도 몰랐어요
손톱 밑에 작은 가시가 박히고 나서야
내 지나온 발자국이 보였답니다
아버지는 늘 말씀하셨지요
얘야, 착하게 살아라
병실에 시간을 가두어 놓고서는
무슨 말을 하고 싶을까요
내일이 보장되지 않는
일상이 단절된 벽 앞에서 불안한 꿈을 꿉니다
꼬리가 짧은 겨울 햇살
하얀 시트,
시작과 끝이 한 치도 다르지 않은 하루지만
오늘과 내일 사이에 길을 내겠다는 듯
슬쩍 창문을 열어놓는
저녁 해가 따뜻한 시간입니다

표성배 1995년 '마창노련문학상'으로 작품활동 시작. 시집 『은근히 즐거운』, 『자갈자갈』 등 있음.

백로白露

허 완

노을 번지는 강변길을 걸을 때
뜨거웠던 지난여름의 뙤약볕
참 잘 견디었다고
갈대들이 나한테 고개를 숙입니다
장맛비 끈질기게 쏟아부을 때도
상륙한 태풍의 군홧발
뭍을 마구 짓밟고 지나갈 때도
참 잘 버티었다고
그래 너희들 참 훌륭하다고
나도 한번 환하게 웃어줍니다

허 완 1994년 《황해문화》로 작품활동 시작. 시집 『황둔 가는 길』 있음.

낮달맞이꽃

홍 관 희

벌초를 생각하는 시절이 지났음에도
선거 후유증일까?
예초기의 전성시대가 시작되었다

집 앞 도로변 화단
철쭉나무 몇 그루 엉기성기 폼이 나지 않기에
낮달맞이꽃 모종 몇 포기 얻어다 심은 적이 있는데
그래서 행복했었는데

집 앞 도로변 화단 정비 작입을 하던 예초기가
철쭉이 아닌 화초는 모두 제거해 버렸다
낮달맞이꽃도 곁이 되어주던 민들레도
붉은 철쭉나무만 남긴 채

꽃이 잡풀로 잘려나가기도 하는
아이러니한 도로변 화단

지시 받은 대로 잡풀을 베어냈을 뿐이라고
예초기는 강변하지만

내가 심고 가꾼 건 순정한 꽃이었다

낮달맞이꽃 모종을 심는 내 모습을 지켜봤던 그녀가
예초기가 지나간 자리에
다시 낮달맞이꽃 모종을 심고 있는 도로변 화단

카페에서 차를 마시던 손님 한 분이
한 손에 찻잔을 든 채
이 광경을 유심히 지켜보고 있다

홍관희 1982년 《한국시학》으로 등단. 시집 『사랑 1그램』 외 다수.

틈새의 삶

홍 영 수

한적한 시골길의 시멘트 포장도로
숨구멍처럼 갈라진 틈새로 들꽃들이 자라고 있다
누구의 손길, 눈길도 없다.
줄기의 갈증은 이른 아침의 해울로 적시고
여리디 여린 꽃잎은
햇빛 한 올의 눈짓에 하늘하늘 웃는다.
사이와 사이에서
때론, 베이고 뽑히는 경계에서
한낱 이름 없는 들꽃일지라도
연민의 눈짓엔 고개를 돌리고
관심의 손짓엔 냉담이다.
내가 낮춰 너를 피우고
네가 높여 나를 터뜨리니
한 줌 향기 길손의 옷깃에 스며들고
네 곁에 내가 서서 너를 꼭 껴안고
내 앞엔 네가 앉아 나를 손 잡으니
비좁은 틈새로 하늘이 포개진다.

홍영수 월간 《모던포엠》 등단. 시집 『흔적의 꽃』 있음.

아버지의 섬

황 상 희

하루에 두 번 물때를 맞추어 오가는 섬에 작년 여름 간암 말기이신 아버지를 마지막 요양지로 모셨다. 하루에도 몇 번을 노둣길에 나가 자식들을 기다렸다는 아버지. 이제는 고인이 되신 아버지, 자식들이 사는 도시가 또 다른 당신의 섬이었고 당신이 마지막 임종하신 그곳은 자식들을 이어주는 또 다른 섬이었다. 언제나 그 섬에 물이 차오르면, 파도가 되어 밤새 뒤척이면서 온몸이 출렁거리셨을 아버지. 생전에 아버지는 만년 용접공으로 불 앞에 쇳조각들을 당신 몸처럼 다루셨다. 그 무거운 철조각들을 가볍게 이리저리 재단해 제조공장의 거대한 돔 지붕도 만드셨다. 용접 불에 여기저기 구멍 난, 쇳물이 시뻘겋게 우러나는 작업복을 자주 빠시는 어머니. 어느 날 아버지께서 일하시는 틈틈이 쇳조각을 얇게 펴서 책받침을 만들어 오셨다. 공부해서 "나처럼 살지 마라" 입버릇처럼 말씀하셨다. 회사가 부도가 나서 임금도 받지 못하고 집에 오신날, 술에 취해 비척이며 대문 앞에 한참을 서계셨던 아버지. 달빛만이 당신의 등을 토닥이고 내일이 고민되는 밤, 골목 안 어두운 풍경이 돼버린 아버지.

황상희 시집 『귀의 말』, 시동화집 『나무야 나무야』 있음.

검은 빗

황 은 주

애야, 너의 눈물은 결말이었으니

기억하거라
눅눅한 골목길 여인숙
시든 꽃무늬 벽에 줄 하나
그곳에 빗을 걸어 놓았으니

덩그러니 떠돌다
춥고 더러운 잠을 청할 때

너의 부서진 발을 곱게 빗어줄게
너의 짓눌린 등을 가지런히 빗어줄게

애야, 너의 슬픔은 결말이었으니

그치지 않는 배회와 떨림을
막막한 귀가와 불면을

기억하거라

고요히 어루만져줄 테니
아름답게 안아줄 테니

황은주 2012년 중앙신인문학상 등단. 시집 『그 애가 울까봐』 있음.

다시 하나 됨을 위하여

안부

강 대 선

해마다 바라보는 북녘은 붉은 노을
기다림이 달라붙어 갈비뼈가 앙상한데
소식은 기척도 아니 일고
바람만 맴을 도니

개성 공단 금강산 어깨로 들쳐메고 임진강 오리떼 와글와글 날아오른다
어이해 우리만 남아 서로의 섬인가

저기가 그곳인데 한달음에 지척인데
쳐대는 파도 소리 앞길을 가로막고
노을은 가슴을 태워
잿빛으로 물드노니

새들의 꽁무니에 서신 한 장 매달아
휴전선 앞에 앉은 아들에게 놓으련만
마음은 천리를 오가도
이내 몸은 붙박이

고향 가는 할아버지 육신으로 못 가고 백발로도 휠체어로도 가보지 못한 북녘

바람아 등을 밀어 다오 한 줌의 재로 넘으리

돌아서도 누워도 두 눈은 항상 거기
가까워도 멀어도 두 눈은 그냥 거기
불면의 밤들을 지나
눈을 떠도 고향 거기

쓰고 또 써 봐도 전할 길 없어
바닷물에 담그자 풀어지는 먹물들
물컹한 이내 가슴만
새까맣게 덧칠하고

임진강 나루에서 웅진반도 안악골까지 찔레꽃 업고서 진달래꽃 손잡고서
반백 년 녹슨 철조망 떼어 메고 갈거나

하루가 부러지고 내일이 혼절해도
아버지 그리워 날개를 펼쳐 들고
고향에 갈 수 있다면
육신도 벗으리

소낙비를 맞아볼까 어둠 속을 걸어볼까
여름 가고 가을 가면 오랜 안부 받아볼까
고향은 몸 성히 있는가
뼛가루만 저 멀리

강대선 2019년 광주일보 신춘문예로 등단. 시집 『가슴에서 핏빛꽃이』 외 5권 있음.

평화의 꽃이 필 때까지

강 애 나

피웅, 허공을 날아가는 총알
싸한 바람 붉은빛 튕겨 오르고

아파트 앞으로 들이닥친 러시아 군인들이
꽃밭의 어린 새싹들을 탱크로 뭉개 버렸다
창 틀에 늘어진 어린 아이들이 흘린 피로
흥건하게 물든 건물을 쏘아 보고 있는 러시아 군인들
거리에서 울부짖는 가족들

점퍼 입은 어린이이
운동화 신은 청년
지팡이 짚고 있던 노인
모두 살아나기만 바랐을 텐데
눈을 흘기며 콘크리트 바닥에 널브러져 있는 모습

밖에서 돌아온 남자는 핏자국과
흩어진 신발 주위를 미친 듯 헤매며
폭탄에 날아가 버린 가족을 찾는다
그의 고통스럽고 울부짖는 모습이

외신기자의 카메라에 찍혔다

우리는 사자와 같은 성난 모습이기 전에
모두 한 가족의 아들이요 아버지다
좁은 벽과 틈 사이로 소리 없이 다가온
전쟁은 꽃이 되어 핀다 해도
붉은 꽃이 아니라 검고 녹슨 꽃일 거라고 생각했다
다시는 위험한 전쟁으로 가슴을 검게 하지 말고
핵무기로 위협하고 욕심을 채우려 하지 말자
이제는 평화라고 외치지 않기를
평화라는 말 대신 우리 서로 안녕을 물으며
어머니의 마음으로 살기를.

강애나 2006년 《순수문학》 등단. 시집 『밤 별 마중』, 『범종과 맥파이』 외 3권.

위대한 서정 2
-이순신

김 석 주

눈이 부시다, 님의 그 일거수일투족
풍전등화와 같았던 그때의 우리 조국, 이 고귀한 땅을
목숨을 걸고서 당당히 지켜내시어
이 땅의 어질고 순한 백성들을 구해내심으로써
인류역사에 아주 눈부신 흔적을 남기셨음이니
1567년, 22세라는 늦은 나이에 무예를 닦기 시작하여
1576년에 무과에 급제하실 때부터 그랬느니
조국 위해 헌신하리라, 다짐하시었던 우리들의 위대한 장군
1591년 전라좌도 수군절도사의 명을 받고는
외침을 대비하기 위해 거북선을 건조하시면서 유비무환
군사를 모아 강군으로 조련하던 중이었고
임진년의 4월이었다. 왜군倭軍의 비겁한 기습침략이 있자
백전백승, 옥포해전을 시작으로 한산대첩 부산대첩과
적진포 사천 당포에다 당항포전투와 율포
합포, 안골포, 장림포 웅포 다시 당황포전투와
장문포, 영등포, 어란진, 벽파진, 명량, 철이도, 관양만
왜교성. 관음포전투와 노량해전에서의 필승
23전 23승의 임진왜란과 정유재란의 그 광란의 적군을 상대로

세계 해전사에 전무후무한 기록을 세웠음이니
신神의 경지요, 하늘의 뜻을 헤아리고 따랐음이라
진실로 우리 착하고 어진 백성들을 형제처럼 사랑하고
더할 나위 없이 사랑하였음이니
충무공 이순신!
정의를 위하고 조국을 위해 한 목숨을 초개처럼 바치어
우리 이 땅을 당당히 지켜내신 위대한 장군
아- 장군 중의 불굴의 장군, 용감무쌍한 사랑의 장군이시니…

김석주 1986년 《시의길》로 작품활동 시작. 시집 『조선 고추』, 『아버지와 꿈』 외 다수.

환웅의 꿈

김 수 우

한 무리 구름이 고깔을 쓰고 도착하는 중이다
매일 돌아오지만 아무도 알아보지 못하는 얼굴

산처럼 물처럼 바람처럼 곁에 앉지만, 말을 걸지만, 기다리지만

목소리는 폐간된 잡지처럼 흩어지고 찢어진다
매일 폐기되는 연금술과 신탁과 제사들

오도깨비가 된 신들은 먼지꽃 덮어쓴 피란민 아이처럼 서럽다 맑다

자꾸 마주치는 지상의 부르튼 입술들, 부은 눈들
전쟁은 마른천둥을 만들고 시체들은 부지런히 꽃을 피운다

신단수 아래 홍익을 꿈꾸던 환웅들은 오천년 내내 깃털을 고르고

갈림길은 한 마리 고생대 새를 닮았다 뼈가 드러난 울음으로 가득하다
가장 멀리 날아 가장 가까이 도착하는 큰 하늘처럼

밖으로 밖으로 걸으면 안으로 들어갈 수 있을까

틈새의 광활한 빈 터, 정령들 모인 나무그늘에 도착할 수 있을까
버려진 무덤에서 불안한 경전을 읽는다

너는 누구니 너는 누구니 너는 누구니, 사과가 썩고 있는데

칼자국 같은 물음들이 구불구불, 흘러간다 돌아본다 기다린다
쥐새끼 같은 나의 문명이 환웅에게 배반인 줄 몰랐다

낯선 얼굴에서 낯익은 울음을 발견하는 이유이다

김수우 1995년 《시와시학》 등단. 시집 『뿌리주의자』 외 다수, 『호세 마르티 평전』, 산문집 10여 권, 번역시집 『호세 마르티 시선집』 발간.

그날 우리는

김 종 원

길을 가다 보았다

서로가 서로의 버팀목이 되어
함께 견디어 가는
끈끈한 눈빛들

잊은 듯 살아가다가도
그날이 오면
하나가 되어 서로의 이름을
불러주는
우리

모질었던 비바람에
흔들려도 서로를 꽉 움켜 잡고
견디어 낸
많은 날들

세월이 가도
가슴을 달구던 뜨거운

함성

한 순간도
내려 놓을 수 없어
가슴 깊이 담고 살아 온
간절함

기어이 우리가 이루어가야
할
그 길

힘들때면 서로의 어깨에
기대어
견디어 내던
그 가슴 뜨거웠던
순간들

생각하면
울컥 가슴 뭉클해지는
그날

우리는

김종원 1986년 《시인》 등단. 시집 『흐르는 것은 아름답다』, 『길 위에 누워 자는 길』 등 있음.

통일이 되었다

김 진 문

나라 이름은 고려로 하자
왜냐하면, 코리아가 고려에 나왔기 때문

나라꽃은 진달래로 하자
왜냐하면, 겨레 혼을 머금은 꽃이기에

나라 노래는 아리랑으로 하자
왜냐하면, 우리 겨레가 모두 부르는 노래이므로

고려가 국호 되고
진달래가 국화 되고
아리랑이 국가 되는 날

비로소 우리 겨레
하늘이 열리는 날
진정한 개천절이다.

김진문 1985년 무크《지붕 없는 가게》로 동시 쓰기 시작함. 2002년 월간《어린이문학》전국 동시 공모 당선. 지은 책으로 통일그림책『개구리』,『울진+산책 1』등 있음.

통일을 노래

김 창 규

평양과 순안비행장의 추억은 말하지 않아도
땅을 밟는 순간 번쩍 떠오르는 얼굴이 있다
사랑하는 친척들의 고향이 북쪽이라는
엄마의 얼굴이 둥근 보름달처럼 밝게 빛난다
백두산 길을 달려가던 황톳길 신작로 숲
장군봉에 해와 달이 만나던 순간을 잊을 수 없다

묘향산 보현사 절 마당에 서 있던 탑 아래
산그늘이 시원하고 참나리 꽃들이 피고
멀고 먼 길에서 인생의 한 번 있을 만남을
분단된 조국의 하늘을 날아와 멈춰 섰던 여름
견우직녀와 사람과 사람 만남이 반갑네

조선을 찾아가 일주일의 만남이 길고 긴
인생의 참다운 사람을 만나는 기쁨이 있었다
떠나온 지 2007년 여름으로 다시 갈 수 없을까
그리운 북조선 작가들의 웃는 얼굴이 보고 싶다
살아서 만나기란 더욱 어려워졌구나

그래도 죽을 때까지 통일을 노래해야지
살아 있을 때 또 평양을 가고 백두산을 가고
묘향산 금강산도 사철마다 손잡고 구경 가야지
그리운 백두산 사람들 환하게 웃던 얼굴
작가는 보름달이고 자작나무 숲의 뜬 별들이었다

통일의 노래 없이 시가 나오고
통일의 노래 없이 평화가 시작될 수 없다
또 만날 수 있는 계절을 꿈꾸며
위대한 민족의 긍지를 살려 조국 통일을 노래하자
함께 했던 얼굴들도 세상을 떠나고 있다

그대 사랑받고 싶다면 통일을 노래하라
그대 인정받고 살고 싶다면 통일을 외쳐라
그대 조국의 별이 되고 싶다면 통일을 말하라
그대 금수강산 꽃이 되고 싶다면 간절하게
두 손을 모으고 통일을 위해 기도하라

김창규 1984년 《분단시대》로 작품활동 시작. 시집 『푸른 벌판』, 『촛불을 든 아들에게』 외 다수.

전경前景
-지붕 위의 눈 치우기

나 금 숙

그날 그 길로 가지 않았다
지붕에 올라가 쌓인 눈을 한 삽씩 쳐내야 했다.
편백나무 옆으로 써레는 신이 나서 눈 속을 달렸다
둥근 굴이 생겨 새끼 여우가 드나들었다
꼬리가 붉어서 멀리서 보면 꽃이 움직이는 것 같았다
당신에게서 받은 우수리나 나머지들이 미세먼지가 되어
꽃이나 사물의 폐 속으로 스며드는 것이 보였다
병甁에 모두어져 팔려나가지 않은 향은
정원을 떠돌다가 들판으로 흩어졌다
철책을 넘어 멀리 갔다
여기는 맹추위의 저녁 무렵
불꽃나무를 찾는 눈보라 속,
공중으로 천 갈래 만 갈래 길이 생기고
나는 어느 길로도 가지 않았다
지붕 위의 적설을 떼어내어 한 모금씩 마실 뿐이었다
조종弔鐘이 한번 길게 울렸다

나금숙 2000년《현대시학》등단. 시집『레일라 바래다주기』외 1권.

팔월 십오일

맹 문 재

뒤란을 지나 뒷산 쪽으로 조금 올라가면
제법 넓은 터가 있었다
마을 사람들은 그곳에 곡식을 널기도 하고
빨래를 널기도 하고
낮잠을 자기도 하고
술상을 차리기도 했다
처녀 총각이 만나는 장소이기도 했다

널어놓은 이불을 걷으려고 갔는데
주위에 불이 붙어 불길이 번지고 있었다

도깨비의 장난인가
귀신의 수작인가
이불은 타지 않고 있었다

집으로 달려 내려오다가
버려둔 이불이 걱정되었다

겁을 먹고 다시 올라가 살펴보니

불길은 온데간데없고
이불도 그대로 있었다

꿈을 꾼 것인가
몸이 아픈 것인가

순간 팔월 십오일이 떠올랐다

맹문재 1991년《문학정신》으로 작품 활동 시작. 시집『사북 골목에서』,『기룬 어린 양들』등 있음.

통일꽃

문 창 길

북한산에 올랐습니다 오르는 길목마다 붉은 꽃들이 사랑에 환장한 연놈들처럼 피어 제꼈습니다 북녘 바람이든 남녘 바람이든 불어와 흔들면 자지러지듯 가는 목을 숙이며 붉은 피를 흘립니다 그 붉은 피가 지천으로 흘러서 발목을 적시고 가슴까지 차오르면 우리들의 통일은 될지 모릅니다 꿈에도 소원인 통일이 통일이 어서 오면 꽃다운 딸년들의 햇가슴 마냥 벅찬 가슴과 가슴을 부비며 백두에서 한라까지 묘향에서 지리까지 발맞추어 갈 것입니다

문창길 1984년 《두레시》로 작품활동 시작. 시집 『철길이 희망하는 것은』, 『북국 독립 서신』 등 있음.

고산孤山

박 관 서

남도땅 유배지에서 돌아가지 못하면
그가 살던 집 앞에 큰 돌 하나를 세우라고 했을까

눈빛에서 슬픔을 지운 사람들이 물결무늬로 줄줄
흐르는 대학로 마로니에 공원 한비짝에, 그가 있다

불천하 상놈 어부들의 말 속으로 들어가 사시사철
몸으로 부르는 이들의 노래가 되었던, 문자들은

실은 망명을 꿈꾸었으리. 사람을 그냥 사람으로 보고
사람으로 대한다고 굵은 대창을 거꾸로 세워, 꽂아 죽이는

선연히 눈에 보이는 죽음 너머의 나라를 하늘에 이르는
인간의 마음을 믿는다고 사지를 갈라, 거리에 너는

늙고 오래된 나라가 싫었으리. 새싹은커녕 이끼도 돋지 않는
검은 아스팔트를 벗어나 물과 풀과 그물과 비린 생선껍질이

엉키는 숨결들이 살아있는 음률들이 다시 돌에 새겨져

'고산 윤선도 생가터'라는 나라에 뿌리를 세우고 있나

흐린 남녘을 보며 내가 돌아가지 못하거든
비자림 그늘 아래 푸른 비를 뿌리시라 유언하고 있나

박관서 1996년 《삶 사회 그리고 문학 작품활동》 시작. 시집 『철도원 일기』, 『광주의 푸가』 외. 현 한국작가회의 사무총장.

하늘색 도보다리

박 병 성

산목련이 춘곤증에 빠진 바람을 흔들흔들 깨운다
꽃향기 머금은 나비도
잠에 취한 바람을 살랑살랑 깨운다

봄이 간절한 이들에게만
태양의 색깔로 데워진 바람은 축복이다
봄을 탐하는 이들에게만
꽃잎을 더듬고 오는 바람결에 황홀하다

햇살도 숨죽이는 널문리 주막
푸른 색깔 널빤지다리에는
박새와 지바퀴 소리가 온통 진하늘색으로
찻잔에 녹는다
찻잔에 녹는다

남쪽에서 불어오는 명지바람 타고 온
아카시아꽃 향기도
비무장지대 묵은 습지 물비린내까지
찻잔 속에는 은밀한 사랑이

지나온 한숨을 안고
오천 년 숨결로 녹아있다

봄은 기다림에 지쳐있는 사람에게는
오지 않는지
그윽하게 주고받는 눈빛 하나로
봄은 그제사 꺼어이꺼어이
뜨겁게 끌어안고 오나 보다

박병성 2015년 농민문학 신인상 수상. 해커스 중등교사 임용 전공국어 교수. 『신경향 임용 국어』 저자.

시끄러운 노래

박 원 희

나는 이 시끄러운 나라에 사는 것이 행복하다
매일 무언가 해보고 싶은 것들이 일어서는 나라가 행복하다
부끄러운 보따리를 풀어헤치며 하나씩 해결해 가는 것이 행복하다
감출 것이 없어진 나라가 행복하다
80년 100년 전의 암울했던 현실
깜깜한 밤길을 승냥이가 난무하는 길을 가던 선조들
70년 전 분단의 비극을 겪으며 반목의 세월을 견딘 아버지의 아버지의 또 아버지
생각하면 눈물이 나고
다 벗고 마음까지도 잃어버린 역사 앞에서 우리는 빚진 자
나는 나라가 시끄러운 게 행복하다
조용하면 나라인가
수천만 일억이 모여 살며 더 시끄러운 나라
행복은 크게 올 것인데
아침 해는 동해를 일으켜 세우며 붉은색으로 온다
세상을 태우며 가슴을 태우며
온다
휴전선 깊이 물든 단풍도 타고
가슴도 활활 타오르는

11월에 앉아
언젠가 시끄러운 더 시끄러운 날을 기다린다
장마당에 보따리를 풀고
온 민족이 한풀이하는 날 시끄럽지 않고
행복할 수 있으랴
그날이 오면 나는 나오지 않는 목소리로 노래 부르리라
행복에 겨워 시끄러운 노래를
목소리 터져라 부르리라
통일이 오면

박원희 1995년 《한민족문학》으로 등단. 시집 『아버지의 귀』, 『몸짓』, 『방아쇠증후군』 등 있음.

강화 북쪽 새

박 일 만

안개가 자주 끼는 강물 위를
첨병처럼 오고 간다

피아를 가리지 않는 새들은
정찰비행을 하며
서로의 병영에 대고 고자질한다

몇 발자국을 찍어야
건너편 목표물에 닿을 수 있을까
가늠하지 않는다

허공에 길을 내며
사람의 경계심을 흉내 내며
대검 같은 부리를 주억거릴 뿐

편대로 나는 새들은 그래도
패거리를 지어 다투지 않고
이쪽과 저 쪽 병영에 거처를 튼다

가지런히 착륙하는 두 다리가
잘 훈련된 초병을 닮았다

아침밥을 먹고 건너간 새들
저녁밥을 먹고 돌아오는 새들

사람들만 서로 다른 둥지를 틀었다

박일만 2005년 《현대시》 신인상 등단. 시집 『뼈의 속도』, 『살어리랏다(육십령)』 등 있음.

낙동강

성 두 현

산은
강을 넘지 못하고
허리를 내어주고 있다.

강은
산을 품지 못하고
물결 위로 배경이 되어 주고 있다.

강물은
흘러가서 돌아옴이 없고
이미 텃새가 되어버린 철새들에게도 인정을 베풀고
발자국의 영역을 내어주고 있다.

강은
유심한 그 날의 기억 들을 모래톱에 금을 쌓아 가고
어제에서 오늘로 이어져 내일로 흘러갈 것이다.

성두현 1996년 《시세계》 신인상 등단. 시집 『봄빛도 아픔이 되는 연한 순筍』 있음.

찔레꽃 동산

석 연 경

향긋한 찔레꽃 동산에 오르려면
가시의 길을 보아야 한다
빨갛게 긁히고 독이 침범했던 몸
단단하고 뾰족한 마음을 읽자
길이 없던 가시덤불이 승무를 춘다
가시 자물쇠 열리고
천둥 같은 꿈결이 열린다
번개 작살 같은 몸결에도
젖비린내 난다 이제 단내를 맡아라
혈흔의 아기들이 폴짝 뛰어나와
철조망을 녹이고 언덕 너머로 사라진다
네 이름을 내 이름을 불러봐
가시는 스스로 피를 흘리고 있다
아무것도 찌를 수 없기에
남북의 꽃은 피비린내와 주검을 덮고 자란다
설탕 가루를 입술에 묻힌 찔레 새순
아이들 웃음소리가 찔레순을 따먹는다
붉은 피 마시고
흰 꽃을 피워내는

검은 머리칼 먹고
돌가시를 뽑아내는 너는 뭐냐
누구는 제석환인과 열여덟 번째 환웅이라 하고
누군가는 웅녀와 단군이라 한다
찔레꽃 언덕에서 춤춰라
밤에 고라니 가족이 와서 거닌다
남에서 북으로 향긋한 찔레꽃
순식간에 만발이다

석연경 2013년 《시와문화》 시, 2015년 《시와세계》 문학평론 등단. 시집 『독수리의 날들』, 『섬광, 쇄빙선』 등, 시 평론집 『생태시학의 변주』 등 있음.

동서, 남북

성 미 영

두 동강이 났다

정표처럼 간직하던 참빗

순간의 실수였다

인연이 갈라진듯 찡한 진동이 일었다

처음부터 한몸이던 것

어떻게든 그 부분을 잇고 싶었다

갈라진 모서리에 접착제를 발랐다

상처 주변이 열을 내며 녹아들어

하나가 되었다

상처를 잇는다는 건

더 아프고 뜨겁게

자신을 녹여내는 일이다

성미영 2017년 《작가》 등단. 시집 『북에 새기다』 있음.

겨울부터 봄까지

손 인 식

동토의 땅 새봄의 기운이 느껴지시는지요
먼 해원의 노스탤지어를 꿈꾸며
겨울을 밀어내고 봄기운을 몰고 오는 바다
그 바다를 하염없이 바라보았던
체 게바라의 고향을 아시나요

세 발의 총탄 가슴에 품고
태극기를 꺼내 만세삼창으로 꿈꾸었던 해방
만나지 못했지만 어쩌겠어요
자유 평화 평등 해방 등 민중의 고혈을 빨며
곧 꽃피울 그 날을 누구나 바라지 않겠어요

서점에 꽂힌 체 게바라나 안중근 그리고
더 나은 삶을 살기 위해 온몸 바친
의사 열사 지사들의 전기 속으로 들어갑니다.
책장에 꽂힌 그들만의 세상을 내치지 말았으면 싶네요
우리들의 어머니와 시인들이 찾는 순수
퍼뜩 만났으면 좋겠습니다

곧 꽃이 피고 새들이 자유로이 우짖겠지요
폭우를 동반한 태풍이 찌든 나를 어디까지 끌고 갈지 모를
이 밤
잃어버린 고향을 찾는 그 날이 빨리 왔으면

손인식 2000년 《시와시학》 등단. 시집 『붓꽃』, 『어머니의 빛』, 『우리 어메의 쪽박』 등 있음.

너 통일!

오 하 룡

아득하지만
자꾸 떠올려 보는 것이다
그리고
자꾸 들먹여 보는 것이다

그래서
손 모으고
또 손 모으는 것이다

네가
성큼 다가서기를!
그리하여
감격의 포옹이 이루어지기를!

오하룡 1975년 시집 『母鄕』으로 작품 활동 시작. 시집 『잡초의 생각으로도』, 『별향』, 『그 너머의 시』 등 있음.

고향

옥 세 현

너의 고향은 겨울이라고 했지
어둑어둑한 마음에
함박눈 하얗게 내리는 푹푹한

너의 고향은 노래라고 했지
지친 하루의 끝에서
'괜찮아 잘하고 있어' 한 소절에 울컥해지는

너의 고향은 새벽이라고 했지
어느 흐릿한 별에서
졸고 있는 시 한 편 깨우는

위로가 되는
어느 시간 안에 있지
너의 고향은.

옥세현 2019 《월간 시》 추천 신인상 수상으로 등단.

매미 허물
-손바닥 시

유 강 희

전쟁 통에 잃은 아들
기다리고 기다리다
거죽만 남은 어머니

유강희 1987년 서울신문 신춘문예 등단. 시집 『오리막』, 『고백이 참 희망적이네』 등 있음.

민통선

이 소 율

눈, 코, 입 없어도
칠십 년을 누워 와선臥禪했으면
이산의 아픔으로 신음하는 소리 들었으리라
나비와 새들, 고라니, 산양, 사슴
남북 넘나들며 알을 낳고 새끼 치는 것 보았으리라
벌떡 일어나서 소리 없이 으르렁대며
서로 찌르던 가시 철조망 거두어
화해의 용광로에 끓여
펄펄 다시 끓여 통일탑을 세우자
먼나라 이웃나라 돌려보내고
핏줄끼리 가슴 열고
뜨거운 포옹을 하자
백의민족 하얀 피로
통일탑에 혈서를 쓰자
자주 평화통일 만만세!

이소율 2012년 《시와문화》로 등단. 시집 『익명적 중얼거림』 외 동인지 등 다수 있음.

통일 소나무
-고 노무현 대통령 추모

이 애 리

처음부터 우리는 하나였고
둘이 될 수 없음을 누구보다 잘 알기에
하나 된 민족의 간절한 염원을 담아
손수 심은 통일 소나무는 잘 있습니다

백두산에서 한라산까지 한반도 금수강산
산길 따라 물길 따라 마음길 따라서
통일 소나무 깊이 뿌리 내렸습니다

봉하마을 들판의 벼 이삭도 어깨를 들썩이고
부엉이바위 사자바위도 일어나 만세를 외칩니다
화포천 습지의 버들붕어 참붕어 백로 느티나무까지도
아우름길 버들길 물꽃길 강따라길 수달교를 건너고
황새 봉순이길 만남길까지 축하하러 나왔습니다

2027년 10월 4일 10시, 통일된 역사적인 날
평양 대성구역 중앙식물원 광장에서
도라산역에서, 남북이 통일됨을 온 세계에 알리며

남북 평화 통일을 기념하는 문학 축제를 열겠습니다
기쁨과 감격의 가슴으로 통일 소나무를 목청껏 외치겠습니다

이애리 2003년 《강원작가》로 작품활동 시작. 시집 『하슬라역』, 『동해 소금길』 등 있음.

지뢰

이 영 수

길 아닌 곳은 가지 말라는 비무장지대에서
그들은 발목을 잘라 먹는 식물을 찾는다
극도로 긴장하며 검을 찔러 넣거나
탐지봉으로 스스로 자리를 옮긴 식물을 찾아
땅속을 야금야금 파낸다
파내고 보니 누군가 의도적으로 심은 것이다
발목을 잘라 먹도록 적당한 무게와 감각에
예민하게 반응하도록 싹이 나 있다
장대비가 내린 뒤 물길을 따라
스스로 자리를 옮겨 공포의 싹을 틔우는
저 불가해한 폭발성의 식물
또 튀어 오른다

이영수 《문학동네》 등단. 시집 『나는 안경을 벗었다 썼다 한다』, 『고양이 속의 아이를 부탁해』, 『깊어지는 건물』 등 있음.

사람이 하늘이다

-세성산 동학농민혁명군을 추모하며

이 정 록

이래도 한세상
저래도 한세상,
아무렇게나 내던진 목숨이 아니다.
사람이 곧 하늘이다. 살아서
섬김의 세상을 만들 수 없다면
지금 이 자리에 피를 심어 만대의 숲이 되리라.
여기는 세성산,
사자가 앞발을 내딛고
힘차게 울부짖는 숲이다.
나는 짐승 우리에 갇힌 배고픈 사자가 아니다.
철망 밖에서 던져주는 썩은 고깃덩어리에
다소곳이 침이나 흘리는 천치가 아니다.
제 새끼를 양은솥에 삶아서
바다 밖 원숭이에게 건네는 이 땅의 여우 떼야.
나는 쳐들어오는 어둠을 찢어발기는
태양의 붉은 아가리다.
아, 하늘은 멀고 총알은 교활하구나.
깡그리 뭉개진 평화 공존과

팔짱을 잃은 상생을 되살리기 위해
나는 지금 하나뿐인 목숨을 던져 영원을 살 것이다.
지푸라기 인형들이 아무리 우리의 이름을 짓이겨도
형제여, 아내여, 자식들아! 고개 숙이지 마라.
머리를 수그린 만큼 한울 평등은 낭떠러지로 처박힌다.
여기는 세성산, 얽히고설킨 잡목 숲에
하늘 높이 올곧은 죽창을 세운다.
이제 얼음보다 차가운 침묵의 세월이 오리라.
별빛이 침묵으로 어둠을 밝히듯 너는 빛나라.
살얼음이 제 잔뼈를 녹여서 봄을 데려오듯
너는 뜨거워라. 이 봄물 낮고 깊게 스며
당신이 심장에 모셔두었던
섬김의 숨결을 모셔오리라.
여기는 정의의 중심, 이제야
발톱을 가다듬는 어린 사자들이 모였다.
서로의 상처를 핥아주는 붉은 혀가
어둠을 몰아내리라.
사람이 하늘이다.
하늘이 사람이다.
사랑도 명예도 이름도 남김없이.

이정록(李楨錄) 1993년 동아일보 신춘문예 시 당선. 시집 『그럴 때가 있다』, 『동심언어사전』 외 다수.

바람꽃

이 주 희

장대비가 오나 함박눈이 오나
바람이 부나 펄럭입니다
기러기 날아간 곳을 바라보며 펄럭입니다
개성 쪽으로 흘러가는 뭉게구름과
눈을 맞추며 펄럭입니다

산 넘고 강 건너 해주로 날아가
멍석 깔고 모닥불 피우고 장구 치며
돼지 잡아 막걸리 마시는 꿈을 꾼다는
팔순 노인을 보듬고 펄럭입니다
가물가물한 아버지 얼굴은
거울에서도 찾을 수 없다는 넋두리를
토닥이며 펄럭입니다

대성동 자유의 마을 바람꽃은
오늘도 잎사귀 파닥이며
꽃대를 무장무장 늘여가며 펄럭입니다

이주희 2007년《시평》으로 등단. 시집『마당 깊은 꽃집』있음.

아바이 바다

이　하

세상은
술도 물도 권하지 않았다.
사방팔방 나는 갈매기를 봐도
북녘으로 날아가는 것만 보인다던
아바이는
그 아바이 바다가 보고 싶었다.
천년 청초호 모래톱에
여우처럼 기대어, 지극한 고요로
됐어됐어 밀려가던
그 아바이 바다가 보고 싶었나.
아침마다 단정한 표정으로
내닫는 쾌활한 항구 밖
언저리로 살아서인지
오르다가 내리는 게 운명인지
갯배 쇠줄 같은 질긴 경계에서도
됐어됐어됐어 몰려오던
그 아바이 바다가 보고 싶었다.
반대로 끌어야 네 쪽에 닿는 역설이
어찌 슬프지 않으랴만

네가 내 쪽으로 오고
내가 너 쪽으로 가기 위해선
한 등판에 오를 때에야
가능하리라는 것을
됐어 됐어 오르고 오르는 것으로
유훈이 된 바다, 이제는
아바이의 아바이 바다가 된
그 바다가 보고 싶다.

이 하(본명 이만식) 1995년 《월간문학》과 《오늘의 문학》에 시조, 시 부문 신인상. 시집 『하늘도 그늘이 필요해』 등 저서 16권 있음.

우리의 소원은 통일

임 백 령

분단국가 아이들은 태어나
우리의 소원은 통일이란 노래를
부르지. 늙어 죽을 때까지
변하지 않는 역사를 살면서
가로막힌 철조망을 지키며
헤어진 동족을 주적으로 여겨라
대물림된 적개심을 칼로 품는 자와
허무한 관성을 반성하려는 자들 함께
그들이 꺼내어 부르는 두 글자는
붙어 눈 꿈을 뇌실하는 게 아니지.
꿈을 지운 자들 마음의 밑바닥
갈앉아 녹슨 계명의 그림자를 비추어
없어도 좋을 명분 하나 만들어
반도의 땅에 내보이는 꼬리 장식은
저세상에도 없는 종족의 슬픔
자기연민의 동정심에 떨구는
적선의 눈물방울 몇 낱을 양심으로
가장한 자들의 태연한 일상
정책은 뜬구름으로 일어서 떠돌고

한 사람의 피에서 피로 잉태되나
결코 열매 짓지 못하는 불임의 유전인자
품고 살아가는 종족들의 분단국가는
대체 어디서 유래한 것인지 모른다고
뻔한 답 외면하는 자들 뇌파를 조종하는
검게 비치는 흑태양의 음흉한 손길
땅속 뼛속까지 물들이는 기운이
표피가 되고 체온이 되는 곳에 사는 당신

임백령 《월간문학》 등단. 시집 『거대한 트리』, 『미얀마 미얀마 오, 광주 Myanmar Myanmar Oh, Kwangju』 등 있음.

쇠기러기

전 원 일

찬 서리 내리던 날 밤에
나침반 하나씩 물고 남쪽으로 내려온 쇠기러기들이
목야지에 야전천막을 설치했다.
먼동이 트면 쇠기러기들은 일제히 모여서
새벽 인력시장 노무자들처럼 수런거리다가
묵묵히 일터로 줄지어 떠났다.
습지, 그곳에는 풍요와 가난.
신뢰와 불신 그리고 사랑과 미움이 공존했다.
구애는 선별적이지만
선택할 기회는 많지 않은 촌 닥지였다.
알곡보다 허망이 많은 황폐지였다.
귀가할 때면 못 다한 언어들과
찾지 못한 사상들이 농무 속에 파묻히곤 했다
때론 일터가 내키지 않을 때도 있었다.
미래가 보이지 않으면
중도에 지친 몸으로 난지락대며 귀가하기도 했다.
온기 오르던 멀건 대낮에
희망 하나 꼭 붙잡고 꿈을 키울 때
춘풍이 북쪽에서 밀려오면

북방 노무자들은 자리를 비워야 했다.
자리를 비워준다는 것은 자리를 되찾는 것임을
쇠기러기들은 알고 있기에
아쉬움은 남겨 두고
북쪽으로 목을 길게 뺐다.

전원일 2005년 계간 《문예시대》로 등단. 시집 『시가 열리는 나무』. 장편소설집 『하동역』(상.중.하) 등 있음.

광화문 수루에 들리는 일성호가

정 소 슬

한때 이 말이 광화문의 밤을 시뻘겋게 불태웠다
“나라가 왜 이래? 이게 나라냐?”
충무공 동상 아래 운집했던 일천칠백만 촛불 민의가 언제였던가 싶게 식어버린 밤들,
장군의 ‘한산도가’를 되뇌는 날이 잦아지는데

-한산섬 달 밝은 밤에 수루戍樓에 홀로 앉아
-큰칼 옆에 차고 깊은 시름 하는 차에
-어디서 일성호가一聲胡歌는 나의 애를 끊나니

촛불정권 5년이 걷어내려 애태웠던 외탁外託 흔적을
단번에 복구해 놓은 이 정권을 볼라치면
물 건너온 해적 떼에 능욕당하던 그때와 무엇이 다르랴, 분명 장군의 큰칼이

치떨며 들었을 ‘일성호가’는
내게도 들려

너무 똑똑히 들려

귓전을 후려치며 파고든 토착 왜구 피리 소리에
나의 애는 끊어지고 또 끊어져
도무지 잠 이룰 수 없는 밤들이나니

정소슬 2004년 계간 《주변인과 詩》로 작품활동 시작. 시집 『사타구니가 가렵다』, 『걸레』, 『내 속에 너를 가두고』 등 있음.

꿈꾸는 느티나무

정 원 도

타인과는 눈도 맞추지 못하고 더듬거리거나
바람 지나는 느티나무처럼 알 수 없는 동의어를
반복적으로 내뱉었다

타인의 눈을 피하거나
사람이 아닌 대상에 관심이 많거나
말을 걸어도 반응이 없거나
극단적인 상황 말고는 감정 표현이 없거나

-내가 그랬지만 다분히 고의적이었다

이상행동을 완강히 반복하며
발끝으로 걷거나, 몸을 흔들거나
머리를 부딪치거나, 피부에 손상을 주는
자해 행위를 하거나

-내가 그러고 싶었지만 다분히 저항적이었다

이것도 유사 자폐증일까

말문이 막혔다
억장이 무너져 말을 버렸다
해 저무는 노을 바라보며 괴성을 질러댔다

꿈꾸는 느티나무도 한때 그랬다

정원도 1985년 《시인》지에 「삽질을 하며」등으로 작품 활동 시작. 시집 『그리운 흙』, 『귀뚜라미 생포 작전』, 『마부』 등 있음.

목포에서 대륙을 꿈꾸다

조 광 태

목포의 눈물이 있고
유달산이 있고
삼학이 떠 있는 바다
아기자기한 섬들이 모여
꿈을 꾸는 바다

파도 거칠게 출렁일수록
시퍼런 바다에 웅크린 목포의 꿈을
남도 끝에서 머문 꿈을 펼쳐 보고 싶어서
간절함으로 세상 넓게 품어보고 싶어서
남도 끝에서 꿈틀거리는 웅비의 날개 펴들고
목포에서 시작해서 아름다운 서해를 품어내면서
서해의 넓고 넓은 평야들을 받아들이면서
북쪽으로 달리는 열차 길을 그려봅니다

평택 인천 해주 평양 신의주로 향하는
철길이 생기면 목포의 꿈이 우리의 꿈이 이루어지고
이 땅의 허리에 있는 분단의 철조망도 걷어져서
한맺힌 서러움 다 털어 버리는 날이 될 겁니다

평양을 거쳐 신의주에서
달려가는 열차 대륙을 품어낼수록
익숙한 풍경들을 가슴에 담아낼수록
눈에 보이는 땅들이 우리 것만 같아지고
철길 닿는 곳마다 목포의 꿈이 이루어질 겁니다

끝없는 땅 조상들의 말발굽 울려 퍼지던 땅에
광개토대왕의 뻗어가던 꿈을 펼치던 땅 위에
열차길 자유로워지면 사람들이 오가며 섞이는 말들로
눈에 보이는 광활한 땅에 국경선은 이정표 정도로
익숙하고 정겨운 길 안내판일 뿐입니다

남도 끝머리에서 뒤척이는 꿈을 위해
밀려오는 산더미 같은 거친 파도로
우리의 꿈을 막는 장애물 다 밀어내고
철길로 북쪽으로 뻗어가는 꿈
뻗어가서 대륙에 이어지는 꿈
이어져서 대륙을 품어보는 꿈
품어내서 우리 것으로 만드는 꿈
고구려 적에도 이루지 못했던 꿈을
지금 우리가 이루어 내고 싶습니다.

조광태 작품집 『철조망 거둬내서 농로 하나 내면』, 『탄압』 등 있음.

임진강, 잠들지 못하는 강

조 영 욱

더는 가 닿을 수 없는 나루터
아직도 골이 깊다
문서로 굳게 약속했을지라도
서로 못 믿기는 마찬가지
혹 선을 넘지 않을까
밤새 환히 불 밝혀 두지 않으면
어둠이 두려운 양계장 닭이 돼
잠들지 못하는 강
빛 껍데기인 그림자라도 허락 없인
금을 넘어선 안 된다
활동 금지구역,
움직이면 쏜다
다만 새와 물고기, 강물만은 열외
임진강
경직된 국토 허리 절반쯤 휘감을 뿐이나
분단을 대신한 이름이 된 것은
남북 모두를 보듬은 탓
갈 수 없다
올 수 없다

이내 잠들지 못하는 강
제발 잠 좀 재우자

조영욱 《문학 21》로 등단. 시집 『내 시는 시가 아니어도 좋다』 있음.

유치 가는 길

조　정

금성여객 버스가 굽이굽이 벼랑의 어깨를 뛰었다
낡은 무게 중심에 보릿대 모자 쓴 노인들 목소리가 짱짱했다

쩌그 꼴짝 보이재? 거그 남로당 사령부가 있었니 탈환 전투가 치열해부렀어 좌우간에 무지하게 죽었재 사령관이 자결할라는디 워메 응뎅이야아 먼 차가 이라고 뛰까 내 봉알 깨지면 운전수 양반이 물어줘이? 야튼 여비서가 말개서 못 했다데

그나 안 되얐어들 우리 골 청년도 손꾸락 꼽을 정도배끼 안 남었응께 뉘 없이 포리 목심이었재 조상님 덕으로 전댔다고 봐사써 아리사리헌 때 냉갰당께

아니 저게 누군가
버스를 잡아챌 듯 고누던 오십년 전 벼랑이 국사봉 쪽에 문득 도열했다
까마득히 직립한 풍력발전기가 장대하다
길이 세 배나 넓어지고 사령관도 여비서도 평평해진 골짝을 날갯소리에 시달려 잠 못 자는 암소들이 서성거렸다
낙태된 송아지들이 흰 날개의 무한 빗면을 밟고 달렸다

쑥부쟁이 꽃마루에서 옥도정기 향이 날아왔다
차창을 오가는 고추잠자리 떼가 고금의 말 못 하는 목숨들 위해 붉었다

조 정 2000년 한국일보로 등단. 시집 『이발소 그림처럼』, 『그라시재라』 등 있음.

지척이라는 말

주 석 희

저렇듯 훤히 보여요
망원경 속에서 자전거를 타고 가는 노인
머리에 바구니를 이고 있는 아낙
마을 어귀 팽나무가 초록을 날아요
애기봉 평화공원에 서서
노인이 하염없이 고향을 바라봐요
몰래 눈물을 찍어
두고 온 형제의 안부를 또 물어요
어미 등에 업혀 온 아이가 백발이 되어버린
암울한 날들
새들은 원죄가 없어 경계를 모르고
남과 북의 고요를 껴안고 강물은 흐르는데
너와 나의 어깨는 녹이 슬어버렸으니
이제는 종전終戰을 목청껏 부를 때
서로 가슴에 박힌 탄알을 뽑아낼 때
눈앞의 풍경을 모두 걸어서
詩로 평화의 집을 지어요
고향 뒷산이 손에 잡힐 듯 가까워요
지척이라는 말
가슴에 두 눈동자에 가득해요

주석희 2013년 《포엠포엠》으로 등단. 시집 『이타적 언어』 있음.

물로 바람으로

차 옥 혜

모든 무기 버리고
물로 물로 흘러 흘러
분단 벽 넘고 넘어
우리 소원 통일 이루어요
바람으로 바람으로 불어 불어
삼팔선 철조망 넘고 넘어
우리 소원 통일 이루어요
태양처럼 달처럼
남과 북 하나로
한반도 삼천리 금수강산
꽃피워요
한겨레 배달 민족
세계 평화 등대로 우뚝 서요

차옥혜 1984년《한국문학》신인상으로 등단. 시집『깊고 먼 그 이름』,『호밀의 노래』등 상재.

잔도공棧道工

최 병 해

절벽은 만남의 선율을 그릴 오선지
서로를 향한 발자국을 음표로 찍는 곳
허리에 절벽을 만들어놓은
남과 북이 써 갈 한바탕 연애도 그렇지
천장과 바닥이 역사의 수염을 잃어
중력을 거슬러야 길이 되는 곳
단절의 그 바위에 뼈대를 세우는 건
빙벽의 가슴에 내미는 악수
아니, 코뿔소에 날개를 달아 날리는 일
어느 외과의 어떤 심을 박아야
오랜 의심에 녹슬지 않는 기둥이 될까
매일 외줄 대롱대롱 흔들며
감독처럼 잔소리 퍼붓고 가는 바람들
에둘러 가는 길은 익숙했지만
늘 제때 꿈을 배달하지 못했다
한 발자국 내디딜 때마다
살얼음판 혹여, 솜털까지 쭈뼛쭈뼛
낮엔 매의 눈, 밤엔 곤충의 더듬이
소통의 악보를 두드리며 나아가는

잔도공의 노련한 연주 소리
오래 굳은 귀가 말랑말랑해질 시간

최병해 1992년 《창작과비평》 등단.

너는 봄이다

최 일 화

가을이 채 가기도 전에
분주히 떨어져 내리는 낙엽 사이로
갈걷이 채 끝나기도 전에
겨울 철새 아직 돌아오기도 전에
대지는 이미 꿈에 부풀고
지는 낙엽과 함께 잎은 또 돋아나고
내려 쌓이는 폭설
그 빙원의 매서운 칼바람 저쪽
나의 봄은 거기 날 기다리고 있다
칼바람 속에서도
붉은 꽃잎은 다투어 피어나고
너는 봄이다
지금 저만치 외로운 봄
겨울이 차가운 손 내밀기도 전에
나의 봄은 거기 날 기다리고 있다

최일화 1985년 시집 『우리 사랑이 成熟하는 날까지』로 등단. 시집 『시간의 빛깔』, 시선집 『마지막 리허설』 등 있음.

분꽃

최 정 란

꽃밭대륙 분꽃나라는 부엌 앞에 있어요

아기각시 배꼽시계 꼬르르 울고
엄마의 분꽃시계 따르르 울면
분꽃나라 국경이 열리는 오후 네 시

엄마는 서둘러 부엌으로 달려가고
치마꼬리를 놓은 아기각시는 분꽃으로 들어가요

평생 화장을 할 줄 모르는 엄마는
쌀을 씻어 저녁밥을 안치고요
아직 밥을 할 줄 모르는 아기각시는
꽃씨를 찧어 각시화장을 하고요

구슬땀 저녁이 완성되는 동안
엄마 곁에 쪼그리고 앉은
소꿉나라 방물장수가 보자기를 풀어요
보자기 속에는 분홍 분통이 가득하고요
분통마다 아찔 향긋한 이야기 가득하고요

산 너머 사막마을 분홍 처자가
밤을 꼬박 새우며 이어가는 눈부신 밤의 이야기
목이 잘리지 않기 위한 이야기

검은 양탄자가 밤의 세계를 휘도는 이야기
해 뜰 무렵이 되면 기진맥진 쓰러져
목숨을 이어가는 천일의 분통 속 이야기

꿈에서 꿈으로 아찔하게 이어가며,
꽃씨 속 작은 얼굴 하얀 분이 지워지는 동안
한 뼘 두 뼘 분꽃나라 아기각시 키가 자라요

최정란 2003년 국제신문 신춘문예로 등단. 시집 『독거소녀 삐삐』 외 4권.

광장

허 형 만

돌멩이들이 우루루 몰려들고 있다
금방이라도 누군가를 향해 날아갈 것 같다
돌들의 맥박은 뛰고 숨결은 거칠다
서로 몸을 비벼대며 불길로 타오를 기세다
돌멩이들은 오늘도 혁명을 꿈꾼다

허형만 1973년 《월간문학》 등단. 시집 『영혼의 눈』, 『바람칼』 외 다수.

생의 새로운 모습을 본 순간

모자 쓴 시인과 함께 걷던 밤

강 세 환

십일월 초 지하철도 끊겼고 버스도 끊겼고
할 수 없이
창동역에서 노원역까지 걸었다
늙은 남자 시인 둘이서 밤길을 걸었다
비오는 밤보다
더 쓸쓸하게 걸었던 것 같다
걷다보니 공초 오상순과
시인 김관식이 함께 걷던 밤길도 생각났다
밤길을 걷다 보니
교토의 도시샤 대학 밤길을 걷던
시인 정지용과 시인 윤동주도 생각났다
오래 전
그들도 비 오는 밤길을 또 걸었을 것이다

스코틀랜드풍 모자를 쓴 시인은 망명객처럼 걸었고
또 다른 시인은 아나키스트처럼 걸었다
저녁 내내 후배 시인과 출판사 사장과 마셨던
많은 술도 술기운도
이 밤길을 감당하지 못했을 것이다

생각보다 춥고 무겁던 밤길이었지만
좀 더 걸으면 강릉역에 닿을 것만 같고
하루만 더 걸으면
두만강 건너
북간도 어디쯤 닿을 것 같았다

강세환 1988년 《창작과비평》 등단. 시집 『김종삼을 생각하다』, 『아침 일곱 시에 쓴 시도 있어요』 등 있음.

씨눈

강 수 경

씨감자를 심어 놓고
싹 트기를 기다린다

같은 날 심었어도
싹 트는 건 제각각

흙 밀어 올리며 말간 얼굴 내미는 순한 싹들
검정비닐 속에서 길 잃을까
일일이 살펴 자리 잡아줘야 하는
어린 싹,

한 뼘 두 뼘 자라는 싹 사이
이제 겨우 싹 틔우는 늦깎이도 있는데
애꿎은 비닐만 들춰보며 속 태우고
오랜 기다림에 지쳐 이젠 안 되겠다 싶을 때
뾰족이 밀고 나오는
절망과 포기를 모르는 씨눈의 힘.

먼저 난 싹이나 늦게 난 싹이나 나중 보면 비슷하고

알찬 감자 되라
꽃까지 똑똑 따주면
알알이 영근 벼 이삭처럼 수굿해지는 싹
누렇게 출출해진 만큼 속이 차는 감자

강수경 39회 근로자문학제 「비행」으로 시 부문 입선. 시집 『어제 비가 내렸기 때문입니다』 있음.

오백 년 만의 새 심장
-마녀 일기 12

강　순

숲이 오두막을 꼭꼭 숨길 때
나는 창문도 없는 캄캄한 세계

가족들이 잠든 밤에 비밀 통로를 낸
지상 어디에도 각본 없는 숲

오백 년 만에 겨우 찾아낸 동굴에서
나는 덩치가 잘린 식물이 됩니다

세상이 명명한 잎과 꽃이던 세월을
스스로 자르고 모두 모아서

깊은 밤에 일어나 화형식을 치르며
고독하게 깔깔깔 웃어젖힐 때

타고 남은 잔해에서
정체불명의 새로운 생명체가 꿈틀거려요

그 이름 뭐라 부를까 고민하다가
그래, 뾰족모자, 검은 망토, 새로운 카르마

수많은 질문들이 낳은 긴 손톱을 들어
세상 시름 다 긁어모으는 불면의 밤에

명랑한 해답이 키운 지팡이를 들어
달빛 공중을 날아 펼치는 방랑의 정념

베토벤 운명 교향곡 제일 높은 음의 영역에서
새 심장이 펄떡거려요

세상이 혼미할수록 숲은
은둔자의 반짝이는 눈동자를 닮아갑니다

강 순 1998년 《현대문학》으로 등단. 시집 『즐거운 오렌지가 되는 법』, 『크로노그래프』 등 있음.

일몰 앞에서

강 영 환

일몰이 나를 기다린다고
숨 한번 크게 쉬고 달려갔다

내 길 끝은 일몰이다 저 밝은
찰나를 위해 손발이 부르텄다

서산 위에 남은 짧은 거리를
어둡기 전에 당도해야 한다

나도 곧 어둠이 될 것이므로

강영환 1977년 동아일보 신춘문예로 등단. 1979년 《현대문학》 시 천료. 시집 『달 가는 길』, 『누구나 길을 잃는다』, 『나에게로 가는 꽃』 외 다수, 산문집 『술을 만나고 싶다』 등 있음.

제발 앉아서 쏴! 라구요!

곽 구 영

아마 군시절엔 일등 사수였다지
두 눈 내리뜨고
아니 눈을 감아도 가늠되지

베레타나 글록은 손잡이가 헐렁하고
k5의 안성맞춤 속사는 소문이 좋아
이제 서리기러기가 이마를 날아도
두 다리 어깨너비로 벌리고 선
당신의 정조준을 믿어볼게

하얀 오메가 안의 고요한 샘,
또르 또르르
가늘어진 보시를 적중하시게
거룩한 자궁에 한 톨 어김없이
긴장을 하고, 긴장하지 말고 쏘시게

어린 날은 하얀 민들레 홑씨로 묘연하고
너의 바람은 뜬구름 속에서 홰를 치니
어지자지 돌다 헛돌다가 맥 놓은, 것

두둑 두둑 북채를 드는 무르팍은 덤이런가

-샘고의 안팎으로 노오란 개나리 꽃잎 점 점

밥상머리에서나 마주하는 늘그막은
언제부터 너의 산탄을 웃을까
긍휼의 문패를 걸고는 냅다 사자후를 토하는,

제발 앉아서 쏴! 라구
요!

곽구영 2008《열린시학》등단. 시집『햇살 속에서 오줌 누는 일이 이토록 즐겁다니』,『그러나 아무 일 없이 평온한』등 있음.

기울다

김 두 례

천천히 기울어가는 걸 좋아해

봉오리 맺어지며
울타리에 기울어가는 장미꽃들
저 너머로 향기 날리지

잠 든 너에게서 땀 냄새가 나
그 땀을 견디고 닦아줄 마음은
너에게 가까이 기울어 있다는 것

'기울다'는 각도가 중요해
비스듬하게 한쪽으로 낮아지면서 기울어야 하지

달이 기울어 가는 것
밤이 내일을 향해 기울어진 어깨를 내어주는 것 아닐까

'기울다'는 말에 귀 기울이면
끊임없이 움직이네
지구가 23.5도 기울어져 있듯

우리는 기울어 있는 것이지

천천히 기울어 있는 걸 좋아해

나에게 기울어 올 때
너에게 기울어 갈 때
서로 기울이며
또 우리는 시작하는

김두례 2019년 《시와문화》 등단. 시집 『바그다드 카페』 있음.

새는 나를 어루만지고

김 명 신

'다짐'이 '억지'로 읽힐 수 있겠으나
상관없다

새는 언제나 나를 돕고 있다

마른 숲에서 어지럽게 노는 붉은 머리 오목눈이들
부스럭거리는 것은 내 발자국, 벌써 없다
없는 그들을 맹목적으로 사랑하는 마음은 어디서 생겨났을까

새들이 꼭 하늘에만 살지 않은 것처럼
나의 애정도 늘 같지 않을 것 같지만 넘쳐나고

새는 다짐하며 좋아할 그 이상이야, 이것은 너의 속엣말

내가 다짐하며 작약을 좋아하기로 했던 그때의 마음으로 나의 앵무들을 생각하고 있다

새는 쉽게 오지 않고 내 눈은 그저 감은 눈일 뿐이어도
오히려 사랑의 마음이 깊어지는 나의 어린 스승들이여

가끔
손을 내밀었을 때 손 안에 먹을 것이 없다 해도 통통거리며 오고
어딘가 아파 높이 날지 못했을 때 항복의 자세로 순순히 온 몸을 맡기는 그 온전함이 숭고로 읽힌다면

나의 어린 의사 앵무들이여
기꺼이 그대들의 집사로 남을 것이니

오늘도 변함없이 울라브 하우게의 「어린 나무의 눈을 털어주다」의 마음을 빌어 그대들을 모시러 가고 있다

김명신 계간 《시로여는세상》 등단. 시집 『고양이 타르코프스키』, 『남아있는 이들은 모두 소녀인가요』 등 있음.

맹그로브 체류기

김 문

짠물은 먼데서 온다

불시에 볼을 타고 흐르는 눈물, 볕은 물을 마시고 갈증이 더 깊어졌다 구겨진 물살이 맹그로브 아래서 허리를 펴고 줄기들 촘촘히 그늘을 엮는다 산란기 어종들 그늘이 고인 쪽으로 모여든다

모처럼 쉬는 날 공단 근처 싱거운 귓바퀴들 모여들어 시끌벅적한 말들로 북적인다 어떤 말들은 쉼표도 없이 한 뭉치로 꼬여서 난청을 끌고 다닌다 짠물을 떠돌던 말은 맹물의 말에 기대고 싶었던 걸까 정붙일 곳 없는 말들 저와 비슷한 이목구비를 가진 얼굴에 달라붙는다

저녁 무렵 누가 물 위를 떠도는 발자국을 건졌다고 한다 젖은 발들의 춤은 발자국이 발자국에게 보내는 고백

맹그로브는 어린 가지를 제 몸에 심는다 만조의 어느 날 새끼를 떼어내어 물에 띄워 보내는 어미, 물에도 모서리가 있어 베이는 잠, 어린 맹그로브는 물 위를 떠다니다가 몸 닿는 곳에 뿌리를 박는다

잔업 마치고 돌아오는 새벽 공중전화 부스에서 마침표도 없이 끊긴 안부

에 좁고 비탈진 눈길을 한사코 따라오는 짠물, 차가운 흰빛이 아직 낯설기만 하다

새벽이면 주인 할머니 방마다 연탄불 갈아주러 다닌다 방문 앞을 서성이는 할머니 발소리는 불꽃보다 뜨겁다 맹그로브 한 그루 보일러 파이프를 흐르는 물소리 따라 멀리 뻗는다

김 문 2015년 《시와표현》 신인상 등단.

낙타 등만 보면 나는 올라타고 싶다

김 선

낙타 등만 보면
나는 올라타고 싶다
손전등을 켜고
밤의 산등성이를 오르고 싶다

밤의 산등성이는
낙타

산의 허리를 더듬으며
밤의 우듬지로 향하는 짐승처럼
나는 오늘밤도
낙타 등에 올라탄다

문득 저녁참보다 굵어진 나의 젖가슴
낙타 등에서
송전탑 하나가 신열身熱을 앓고

진저리치며
고열의 이부자리 속으로 1,000볼트

고압 전류
건너가는 소리

낙타 새끼들이 탯줄을 끊고
밤의 산 속으로 사라지고

오래 켜둔 노트북 위로
밤새 켜켜이 내려앉는
낙타의 눈빛

낙타 등만 보면
나는 올라타고 싶다
낙타 등만 보면 나는 손전등을 켜고
밤의 산등성이를 오르고 싶다
밤의 사막을 건너가고 싶다

김 선 2013년《시와문화》등단. 시집『눈뜨는 달력』있음.

버스를 기다리며

김 순 선

버스 정류소에 한 노인이 앉아 있다
불볕더위에 닭벼슬 모양 모자를 여러 개 포개 쓰고
지난날의 화려한 이력을 자랑하듯
모자 위에 모자 모자 모자 모자
작은 키를 더 무겁게 누르고 있다

한라산의 정기를 받은 듯한
부리부리한 눈
날카로운 코
굽은 등에
지팡이를 짚고
범상치 않은 모습으로
때 묻은 비닐 가방 옆에 놓고
어디로 가려 하는지

혼자 여행하기엔
버거울 듯한 연세로 보이는 기인
두고 갈 세상이 사뭇 아쉬운 듯
지나가는 사람을 향해

사발 깨지는 분노를 던진다

종점을 바라보며
어느 시인처럼
한 세상 아름다운 소풍이었노라고
고백할 수 있다면

우리가 타야 할 버스는 언제 올 것인지
종점은 아직 멀었는지
나는 언제 내려야 할 것인지
아무도 알 수 없는
버스를 기다리고 있다

김순선 2006년 《제주작가》 신인상으로 등단. 시집 『위태로운 잠』, 『저, 빗소리에』, 『바람의 변명』, 『백비가 일어서는 날』, 『따뜻한 국물이 그리운 날』 등 있음.

견딘다는 것

김 순 옥

시뻘건 태양을 한아름 끌어안은 바다는
한참 숨을 멈추었다가
긴 숨 거품으로 내뱉는다

태양을 견딘다는 것이
바닥을 기며 살아온 바지락과 같아서
고단한 삶의 무게가
모래 한 알 차이만큼도 안된다

부리를 내밀어
뻘에 묻혀 살아온 생을 더듬고 있는 바지락
뻘 속 복닥복닥 꾸려온 삶
심해 바닥까지 빨아들인 기억

비로소 다 내려놓고
안식에 든다
산다는 건 다 거기서 거기였다

김순옥 2020년《시와문화》등단. 시집『겨울 히야신스』있음.

금

김 유 철

힘 있는 것들은 반도의 허리에 금을 그었다
힘 있는 것들은 힘 없는 것의
동쪽 바다와 서쪽 바다에도 금을 그었다
이내 힘 있는 것들은
텅 빈 허공에도 금을 그었다
神도 하지 못한 것을
힘 있는 것들은 神인 양 행세하며
땅과 바다와 허공에 금을 그었다

금은 힘 있는 것의 金이 되있고
힘 없는 것의 禁이 되어
금을 거두거나
금을 넘으면 잡혀가야 했다

힘 있는 것들은 금을 그으면서
굳고 영원한 금이 되기를 바랐지만
촛불이 모여 금 지워나감을
힘 있는 것들은 막을 수 없다

힘 있는 것들의 금에
둠칫 둠칫 다가가는 날
평화의 꽃이 피리니
역사의 두 물이 한몸 되는 날
힘들의 금은 사라지리라

김유철 2007년《영성문학》신인상 등단. 시집『산이 바다에 떠 있듯이』,『천개의 바람』,『그대였나요』외 다수.

지구가 태양계의 입방아에 오르게 생겼다

김 재 석

지구가
태양계의
입방아에 오르게 생겼다

입이 무거운
태양계의
입방아에 오른다는 건
그만큼 심각하다는 것이다

이웃 행성들의 부러움을 산
우주의 오아시스라는
명성을 잃기 직전이다

지구온난화로
전쟁으로
어장나지 않은
오대양 육대주가 없다

봐라 봐,

진격과 반격으로 어장나는
우크라이나,
우크라이나를
이미 어장난
미얀마를
아프가니스탄을

지구가
태양계의
뒷담화에 시달리게 생겼다

김재석 1990년 《세계의문학》으로 등단. 시집으로 『까마귀』 외 다수.

속리산俗離山에서

김 정 숙

충청북도 보은군 속리산면 상판리 19-1
속리산 소백산맥 줄기 1058미터
생의 빛바랜 언약들만 무성한 날
무연憮然하게 고요를
나뭇가지에 걸어 올리다가
가만가만 다독이는 산사의 아침

고독을 덤으로 여기며
희망의 숲길에서 야~야호~!!
소리를 질러보았지만 대답 없는 메아리뿐
지금은 외로움의 담장을 만들어
외톨이로 외톨이로
굳은살이 박여 있구나

세조가 피부병 고치려 목욕을 즐겼다는
목욕 소, 세조 길에 서성이면
자성自省의 여울목
삼백 번도, 삼천 번도 넘게
부챗살같이 둥근 햇발에 어리어

노랫가락 만상의 가지 끝에 걸리고
속리산 오리길 숲 근처 세심정洗心亭 삼거리 소류지엔
쓸쓸함 마저 흩날리며, 나뭇잎들 포개어 눕는다

속리산 추억의 언덕에 등을 기댈 때
누군가 무심코 내던진 말 한마디
나의 정체성Identity을 묻는데
리기다소나무, 굴참나무, 낙엽송 무덕무덕
무심하게 사잇길 내어준다
나의 DNA를 생각한다
나는 누구인가

김정숙 1993년 계간《시와사회》등단. 시집『슬픈 자유』,『나는 허정이라는 말을 좋아해』등 있음.

그늘의 발견

김 정 원

빛에 가까이 갈수록 그늘이 짙어져요 어쩔 수 없어요

그늘은 죄도 아니고 죄의 사촌도 아녀요

아프고 감추고픈 그늘에 맞서지 못하고 뒷걸음질 치다 숯 같은 죄에 넘어지고 눈을 다치는 게 문제이죠

빛을 잃고 좁은 길조차 안 보이니 수렁에 더 깊이 빠질 수밖에

거기서 빠져나오려면

어둠을 빛처럼 빛을 어둠처럼 만드는 루시퍼와 그림자 복싱shadowboxing을 피하지 마세요

당당하고 용감하게

당신 안의 그늘을 당신도 직시하고 다른 사람에게도 보여주세요

그늘에서 배우고 성숙하는 황금 그늘의 발견! 거품 지식을 걷어내고 우러난

참된 자기 앎이 진정한 자유이죠

이제 연극은 끝났어요

철옹성처럼 옹호하고 간직한 '나 아닌 나'의 페르소나를 벗어버린 무대에서

두려움 없이

당신은 있는 그대로의 당신이 되고, 있는 그대로의 당신이에요

김정원 《녹색평론》과 《애지》로 등단. 시집 『마음에 새긴 비문』, 『아득한 집』 외 다수.

겉으론 꽃이라 말하고

김 종 숙

삶의
안쪽이
저린 날이었던가

아침 마당에 금목서
금하처럼 흐른다

태풍 바다가 무섭지 않은 저녁이 오고
밤이 길고 다시 아침

모로 누웠다 돌아눕고
다시 고쳐 누었던가

고쳐 누울 때마다
마음도 고쳐 고였던가

겉으론 꽃이라 말하고
속으론 제 상처 핥는 것이다

김종숙 2007년 《사람의 깊이》 신인상으로 등단. 시집 『동백꽃 편지』 있음.

일식日蝕

나　욱

뱀의 눈이다

뱀에 물렸는데 아득하게 해가 검게 떨어지는 것은
뱀의 독이 몸에 퍼지고 있는 것이다
그럼에도 어쩔 수 없이 아득해지는 의식 속으로 사라지는
검은 해가 있다
나를 깨문 독사의 검은 눈이다
그런데 이상하다
죽어가는데 고통이 없다
아득한 안개처럼 몽환적으로 퍼지는 이 죽음의 독은
처음부터 해가 만든 것이다
뱀은 매일 혀를 깨물며 제 몸에 독을 쌓은 것이다
그리고 오늘 해에 검게 그슬려
마침내
실명의 뱀눈을 얻게 되었다
하늘에 떠 있던 해가 징그러운 뱀의 대가리에 들어간 날,
사람들은 해를 도둑맞았다고 야단을 떨지만
해는 사람들이 제일 싫어하는 짐승,
기어 다니는 그 족속의 대가리에 박혀
검게 타고 있다

나 욱 1990년 《한민족문학》 등단. 시집 『라푼젤 젤리점에서의 아내와의 대화』 있음.

오월

류 성 훈

혼이 베개에 묻을 만큼 오래 잠들고 싶던 날
나는 귓구멍에서 내 가려운 잠을 파낸다

모두 뭉근한 불 위에 누웠던 때가 언제였을까
한 이불에서 발을 뻗었을 때가 언제였을까
혼자 왔다가, 혼자가 아니었다가, 혼자가 아닌 줄 알았다가, 혼자가 아니고 싶다가, 결국 혼자가 되는 삶들을 건조대에 널던 오늘은 달과 지구의 공전 거리가 가장 멀었다
행성과 위성이 멀어도지고 가까워도진다는 사실을 처음 알았고 멀지도 가깝지도 않은 가족이 살고 있었고

나는 어디에도 살고 있지 않았다
가족의 달에는 가족도, 가족 없는 희망도, 희망 없는 가족도 있으니 우리는 꼭 희망이 없이 살아도 나쁘진 않겠지 그것은 단어에 불과하고 오타에 가까울 테니
가령 살아,라고 쓰다 사랑,이라고 고쳤을 때 언제든 어떻게든 삶은 실수이고 그래서 아름다워 보였듯이, 내가 글을 쓰는 게 다행인 때가 있었듯이

잠 속에서

잠 밖에서
또는 마지막 이승에서
더 많은 봄이 보고 싶었다

류성훈 2012년 한국일보 신춘문예 시 부문 당선. 시집 『보이저 1호에게』, 산문집 『사물들-The Things』 등 있음.

풍경

마 선 숙

나와 나 사이 아득한 날
허허실실 누에섬을 찾아간다

한 풍경 흐른다

갈라진 바닷길
떨어지는 적요 왁자지껄하다

누에 한 마리 누워 있다
시글픈 욕망처럼

붉은 상처들을 갯벌에 빠트린다

안내 방송이 들린다
바닷물 들어오니 섬을 빠져나가라고

육지가 어디쯤일까?
달이 바닷물 물리칠 때까지 섬에 유폐되고 싶다

타인들 아닌 나의 섬에서
망망대해 깊이 가라앉아 볼까

만나야 할 인연은 없다

고립을 두려워하지 않으리
외로우면 누에고치서 올올히 명주실 뽑아 길 급조하리

그 길
사뿐 걸어 먼 전생 같은 육지에 닿으리

마선숙 2013년 《시와문화》 시 등단. 시집 『저녁. 십 분 전 여덟 시』 있음.

풀잎 위의 생

문 창 갑

풀숲, 어느 풀잎 가녀린 길 위에서
달팽이와 민달팽이가 마주쳤다

에그, 집도 없는 이 친구 한밤엔 얼마나 춥고 무서울꼬?
달팽이는
집도 없는 민달팽이의 삶이 참 막막해 보이고

세상에나, 평생 저 무거운 짐을 짊어지고 다녀야 한다니?
민달팽이는
무거운 짐 지고 가는 달팽이의 삶이 참 측은해 보이고

풀숲으로,이 고요한 전쟁터로
또 어미 뱁새는 오고

두 마리 느린 생의 무게가 버거워 자꾸 휘청대는
풀잎 위의 길

밥이 보이고, 제 새끼들의 목구멍에 넣어줄 두 마리의
밥이 보이고

문창갑 1989년 《문학정신》 등단. 시집 『빈집 하나 등에 지고』, 『코뿔소』 등 있음.

형평사衡平社를 노래하다
-백정의 노래

박 구 경

백정의 아들들아
백정의 아낙들과
백정의 딸들아 피붙이들아

고구려 무용총 수렵도를 본 적이 있느냐
신라 천마총 천마도를 본 적이 있느냐
그 벽에 새겨진 기상 앞에 서 본 적이 있었느냐

고구려 무덤 속의 벽화가 이르듯이
남정네라면 당연히 말을 달리고 활을 쏘아
용맹함이 있어야 하지 않았겠느냐

사냥한 짐승을 나누고 먹이기 위하여선
도축은 당연한 생활이지 않았겠느냐
백정이란 대저 무엇이었더라는 말이냐

한 나라의 백성으로써
군역을 서고 전공을 세웠노라면

마땅히 그 공을 치하해야 하지 않았겠느냐

평상시라면 괭이와 호미를 들고
밭을 갈고 씨앗을 묻어
생업을 살펴야 할 백성이지 않았겠느냐

인간의 지위에 너희들은 왜 백정을 덮어 씌웠느냐
백정의 자녀와 아낙들에게 대물림의 형벌을 가하였느냐
누구를 위한 제도였기에 이리도 모질었느냐

너희의 조상들이 너희들의 할애비들이
태어나기도 전에 짐승의 굴레를 덮어썼다면
너희의 마음이 어떠할지 유념해 보았느냐

왕후장상의 씨가 그렇게 정해져 있었더라면
우리들은 일찌감치 너희들의 나라에
발을 들이시노 태어나지도 않았을 것이니라

무용총의 시절로
천마총의 당시로 돌아가기 위하여
우리들은 일찌감치 떠나갔을 것이니라

우리의 먼 조상들이
그 땅에서 숨결을 이어 온
위대하고 자랑스러운 산야로 돌아갔을 것이니라

짐승을 잡으러 나갔다가 몸이 다쳐도
수수깡을 이빨에 사려 물고
틀어진 뼈와 상처를 싸매고 일어나서

목표물을 향하여 화살을 날리고
목적지까지는 쉬지 않고 말을 달렸던
백정의 노래를 불렀을 것이니라

백정의 아들딸들아 백정의 식솔들아
무용총 벽화의 화살들을 기억해 내어 보거라
천마총 안의 말발굽 소리를 들어보아라

백정은 한 번도 짐승이 아니었느니라
한 번도 짐승이 아니었느니라
백정은 사람의 후예였느니라

박구경 시집 『기차가 들어왔으면 좋겠다』, 『외딴 저 집은 둥글다』 외 다수.

오늘 시간 있어?

박 권 수

누구나 흔적이 되고 싶은 사람들

그 틈새에 가려진 말

박권수 2010년 계간 《시현실》 등단. 시집 『엉겅퀴마을』, 『적당하다는 말 그만큼의 거리』 등 있음.

숲의 독백

박 상 봉

숲에는 나를 빨아들일 흡반이 없다
숲속 샘은 물이 없어 물 마를 일도 없다
저 숲에는 새들도 집을 틀지 않는다
환한 응달 한 뼘,드리우지 못한
눈물로 나뭇잎 하나 적실 수 없는
숲에 갈 일이 없다
그러므로 숲에 대해 아무 말 하지 않으련다
숲을 질러가는 길조차 찾을 수 없으니
숲을 지나쳐 갈 수도 없구나, 상한 새여

박상봉 1981년 동인지 《국시》 발표 등단. 시집 『카페 물땡땡』, 『불탄 나무의 속삭임』 등 있음.

울릉도 해국海菊

박 선 욱

울릉도에 가니 해국이 나를 반겼다
연분홍빛 혹은 연보랏빛
수줍게 웃어주는 얼굴에
해풍이 스며들어 그늘져 보였다 그때
환청일까 내 귓가에 들리는 저 소리
도회지 육지 것들아 거들먹거리지 마라
벼랑 끝까지 밀어붙이면
누군들 쉽사리 버텨낼 성싶으냐
바위틈 뿌리 내리고 잎사귀 펼치려면
모진 바람과 맞서야 하고
하 많은 꽃잎 피워 내려면
거센 파도를 이겨내야 하느니
나를 수줍은 꽃이라 말하지 마라
태생부터 억척스럽지 않으면
이곳에선 아예 발붙일 수 없나니
죽지 않으려고 쓰러지지 않으려고
모두들 안간힘 쓰며 고개 숙이고 있을 뿐
온몸 버팅기며 바위 모서리에 매달려 있을 뿐
행여 폭풍에 휘날릴까봐

행여 풍랑에 휩쓸릴까봐
화산섬 틈서리에 온 신경 줄 매달아
날마다 불침번을 서는 팽팽한 실핏줄을 보아라
이것은 우리의 삶 대대로 이어온 생존방식
겉모습만 보고 멋대로 규정 짓지 마라
울릉도에 가니
기기묘묘한 해안 절벽 사이에서
잔파도에 부딪치며 끝없이 되살아나는
해국의 노래가 들려왔다

박선욱 1982년《실천문학》등단. 시집『눈물의 깊이』,『풍찬노숙』,『윤이상 평전: 거장의 귀환』있음.

바보숲 명상란

박 설 희

농사를 짓는 시인이 알을 품고 왔다
닭이 알을 품듯 고이

그는 칠백여 마리의 닭을 키우고
헤아릴 수 없는 잎과 열매를 맺는다

그가 키우는
그를 키우는
머리 위를 날아다니는 자유롭고 튼실한 닭들
마음 내키는 곳곳에 낳아 품는 알들

어미 닭은
새소리에 귀 기울이다
저물녘 바람을 등에 업거나
노을을 지켜보거나

여강 물굽이를 돌돌 돌아가는 물소리
강변 풀들 흐느적이는 소리
멀리서 들려오는 기적 소리……

바보숲 명상란은
그 품속에서
온몸을 쫑긋 세운다
소리들은 눈과 귀와 부리가 되고
깃털이 되고 발톱이 된다

딱딱한 껍질을 깨고 나온
어린 닭은 어질고 순하게 자라
자신의 알을 품고 명상할 것이다
갓 낳은 알 역시
껍질 속에서 명상하는 법을 배울 것이다

박설희 2003년 《실천문학》으로 등단. 시집 『꽃은 바퀴다』, 『가슴을 재다』 외 다수.

눈 쌓이는 소리

박 종 훈

귀뚜라미 수염보다
가늘고도 길구나
청무를 깎는
이 긴 겨울밤은
눈이 쌓이며
누에가 뽕잎 갉는 소리를 낸다 오오
이 아득하고 시름 깊은
외딴집은
몇 만 년 버림받아 적막이 되었나

모로 누운 새하얀 창호 문에
귀 먼 눈이 밤새 쌓인다

박종훈 1993년 《현대문학》 등단.

찻잎

성 선 경

한 숟갈의 차가 다호에서
제 몸을 풀어
온 몸에 난 멍들을 물 위에 풀어놓을 때
그가 어떤 삶을 살아왔는지
어떻게 세상과 살 부비며
버텨왔는지
안다. 한 숟갈의 차가
다호 가득 제 몸을 풀어
다완 가득 푸른 피를 토해 놓을 때
문득 나를 돌이켜 보게 된다
뜨거운 솥에서 온몸을 덖어
살청殺靑을 하고
그러고도 모자라
비비고 또 비비고 상처가
아름다운 향기를 품을 때까지의 유념揉捻
나도 한 때 찬란한 봄이었음을
잊지 말라고 잊지 말라고
몸은 부대키고 마음에는 새기고
다완 가득 풀어놓는 저 삶의 멍

향기롭게 푸르다. 한 숟갈
저 차 한 잔.

성선경 1988년 한국일보 신춘문예 시부문 당선. 시집 『햇빛거울장난』, 『네가 청둥오리였을 때 나는 무엇이었을까』 외 다수.

조감도

송 은 숙

우리가 새를 사랑하는 것은
한 마을을 사랑한다는 것

부리처럼 솟은 산이 하나 있고
산 옆으로 곧은 강이 흐르는 어느 마을을 사랑한다는 것

강에는 다리가 하나 있어
두 다리가, 네 다리가, 여섯 다리가 지껄지껄 건너다니는
은성한 풍경을 사랑한다는 것

저 거룩한 글자는
날개를 활짝 펼친 새의 눈이 바라보는
지구의 한 모퉁이를 상형한 것

다리 이쪽 끝에는 한 사내가 있어
소맷부리에서 새를 꺼내 자꾸자꾸 날리고 있다
새들은 새, 새, 새, 새, 새, 휘파람 소리를 내며
둥근 산의 정수리에 부리를 닦고 날아간다

그러니까 우리가 사랑하는 새는 해라는 것
우리는 등성이로 비스듬히 해가 솟는
어느 마을의 아침을 사랑한다는 것

송은숙 2004년 《시사사》로 등단. 시집 『만 개의 손을 흔든다』, 『얼음의 역사』 외.

흠집

신 정 민

나무 도마를 고른다
옹이가 있는 것은 반값이다

죽은 나뭇가지를 기억하는 게
도마의 반값이다

여긴 살아보자 결심했던 곳

호수에 이는 물푸레의 몸짓

물갈퀴를 미는 물결

나이테의 남쪽은 남쪽을 향해
조금 더 휘어진다

흠 없는 것을 좋아하는 건
흠 있는 사람들이 하는 짓

칼날을 위해

무뎌서도 단단해서도 안 되었던

생의 결을 읽는다

신정민 2003년 부산일보 신춘문예 등단. 시집 『저녁은 안녕이란 인사를 하지 않는다』, 『의자를 두고 내렸다』 외 다수.

이 세상 타박만 하다가

안 익 수

사홧술로 옹 매듭을 풀다가
찢어진 옷에
소문난 얘기로 간을 맞추다가
꽃말이 입으로 흘러
하수구로 가는 걸 몰랐습니다
구름이 끼면
땡감나무 가지에 청개구리 우는 줄은 알았습니다
맞습니까
하얀 달빛이 살 속으로 지는 줄 알았는데
아닙니까
사람의 농사는 바람으로 경작하여
정류장마다 거둔다지요
어떻습니까
빨랫줄의 새소리를 흔들었습니다
한 발 다투어 디밀지는 않았습니까
사과나무 가지가 붉게 익어도
낮은 데서 삽질을 배우고 싶었습니다
먼동에서 노을까지
신발이 바뀐 줄도 몰랐습니다

안익수 1972년 독서신문으로 문단에 나옴. 시집 『바람은 갈대를 꺾지 않는다』, 『바깥』 외 다수.

감자를 깎으며

양 원

감자 껍질을 벗기는데
이곳저곳 홈이 깊어 칼날이 가 닿지 않는다
저 못난 모양새를 생각해보니
땅속 돌멩이에 밀려났거나
제힘으로는 어쩌지 못할 어떤 단단한 물체에 치어
온전하게 둥근 형상을 포기한 까닭이다
뙤약볕 아래 갈라진 메마른 흙 속에 묻혀
들이치는 미움까지 다 보듬어 안아
부드러운 흰 속살은 안으로 감춰 다지고
곰보딱지 겉모습인들 홀로 완성해낸 감자
어느 세상에 있어 상처 없는 생이 있을까
울퉁불퉁 흠투성이 감자 한 알
이리저리 조심스레 돌려가며
깊은 골마다 박힌 모진 슬픔 털어내듯
나는 천천히 감자를 깎았다

양 원 2013년 《시와문화》로 등단. 시집 『의문과 질문』, 『물과 풀에게 돌려주다』 등 있음.

거대한 산이 된

양 정 자

며느리가 안 입는 옷 한 보따리를 또 가져왔다
며느리도 인터넷 중고매점에서 중고 옷들을 사서 입는데
사고 보면 딸려오는 옷들이 많아 혹시
필요하실까 싶어 가져왔다고 한다

내 옷 중에 새것을 산 적이 있었던가
바느질하기를 좋아해 나는 몇 번이고 고치고 고쳐 입지만
수선하기보다는 차라리 버리고
새 옷을 사는 게 훨씬 싸고 편리한 망할 놈의 이 시대
낭비되는 지구 자원
저개발국 노동자들 쥐어짠 피땀이 다 보인다

캐나다 딸네 집에 갔을 때 세일 상점에서 산
세상에!!! 두 개가 한 개보다 더 쌌던 이 검은 무명천 모자
자꾸 가라앉는 테두리에 비닐철사를 넣어보았더니
날아가는 새처럼 한결 더 멋져보였다

2017년 이후 세계적으로 패스트 패션 옷 넘쳐나
판매된 후 1년 이내, 인간의 변덕스런 그 유행 채 다 식기도 전

거의 50퍼센트가 매립되거나 소각된다고 한다
거대한 산이 된, 지구환경을 죽이는 의류 쓰레기들

내 딴에는 새 옷을 거의 사지 않는 것만으로도 지구 환경운동에
조금이나마 도움이 되진 않을까 생각하고 싶다

양정자 1990년 시집 『아내일기』로 문단에 나옴. 시집 「아이들의 풀잎노래」, 「가장 쓸쓸한 일」, 「내가 읽은 삶」, 「아기가 살짝 엿들은 말」, 「꽃들의 전략」 등 있음.

자고 나면 괜찮아

양 형 석

꿈속에서
벗어 놓은 신발 없어져
한참을 찾다가
잠 깨어 현관에 나가 보니
그 신발
뭘 그리 찾느냐는 듯 가지런히 놓여 있었다

인파 속에서 엄마 손 놓치고
한참을 울며 헤매는데
헤매다가 울 기운조차 없어
깜빡 잠이 들었는데
깨어보니 어느새 어른이 되어 있었다

매일 마주하던 일상들이
엎드려져
가쁜 숨을 몰아쉬었다
차갑게 식어가는 생을 바람이 와서
데려갔다

그래도
이 또한 꿈이려니,

자고 나면 괜찮아~ 했다

양형석 2020년 계간 《문학·선》 등단.

구술

오 광 석

지팡이에 의지한 손
문신처럼 새겨진 주름들이 기억을 토해낸다

두린 아시 심엉 대낭밧디 곱앗주
마을 사른 불이 대낭도 태와신디
다닥다닥 대낭 비명 소리 덕에
소곱에 곱은 우린 살앗주

살젠 ᄒᆞ난 살아집디다
살젠 ᄒᆞ난 물질도 ᄒᆞ엿주
물질ᄒᆞ여가난 하근디 다 댕겨졋주
뼈마디 시큰ᄒᆞ여도 바당엔 들어갓주

팔남매 문딱 질룬 날
피난에 갈라진 아바지 수형인명부로 돌아왓주
무기징역이엔 써져신디
아바지는 농부엿주
무사 경 ᄒᆞ여신고

구술을 듣고 문밖을 나서는데
앞이 컴컴한 밤이 되었다
왜 그랬을까
시린 바람에 몸서리쳤다

오광석 2014년 계간 《문예바다》 등단. 시집 『이계 견문록』, 『이상한 나라의 샐러리』 등 있음.

혼자 타는 버스

오 영 석

각동행 농어촌 버스 안에
먼저 앉아 있는 수벌
나도 따라 앉았네
호박꽃 속에 벌 두 마리
어디까지 굴러갈까
윙윙거리며 별별 생각 다 하네
금평 유채밭 지나고
폐염전 창고 지나고
상하농원 청보리밭 지나고
구시포구 지나 종점에 다다르는데
나는 내리고
저 수벌은 떠나고
엉덩이보다 더 큰 호박이 마을 입구부터 열렸네
그날 나는 고창장에 다녀오는 길이었고
그 양반은 늘 나 살던 길 지나가는 사람이지만
한 번도 안면 트고 인사한 적 없네
괜한 입방정
그 수벌이 나만 태웠겠소
혼자 타는 농촌 버스 번호판이 주소처럼 훤하다

오영석 《서정문학》, 《미래시학》 시부문 신인상.

낙엽의 기척

온 형 근

안개 자욱한 산하의 끝 모를 지점
잘 그려지지 않은 눈썹처럼
나는 남모르는 어디쯤

내딛는 발바닥의 둔중한 울림
계곡물에 머리를 담그고 흔들듯
길게 아주 멀리 우회하듯
산길
어느새 뿌연 망막을 거둔다.

도움닫기 하는 까치발처럼
두 발 단단히 디디고
말끔한 생각 들어설 테지
어깨를 짓누르는 삿된 망상
종말을 알 수 없는 유혹의 중력에 슬쩍
내려 타는 굴곡을 찾아들 테지

걷다 걷다
가다 가다

소스라치듯 수직으로 떨어지는
우수수 가을 산 낙엽의 기척에
한눈팔지 말고 곱게 물들 때까지

온형근 1997년 《오늘의 문학》 등단. 시집 『천년의 숲에 서 있었네』, 『풍경의 분별』 외 4권 있음.

무슬목*

우 동 식

목이 한 개가 아니라 두 개였다면
하나 정도는 예행연습으로 쓰지 않았을까

모난 돌들이 파도에 휩쓸려 머나먼 타지에 와서
또 서로를 부대끼며 몽돌이 되어가듯
목숨 하나쯤은 파도에 내 던지며 제 맘대로 굴러다니며 보냈을 텐데

무술년이었지
이곳은 서로에게 긴요한 목이었어
하나밖에 없는 목숨 줄을 옥죄이면
누군가는 숨을 할딱거리며 서서히 생명을 놓을 수밖에

목 좋은 자리에 지키고 있으면
덜거덩 덜거덩 사브작 사브작 돌 가는 소리도 들리고
숭어 떼 자맥질 하는 모습도
운 좋은 날은 돌고래 쇼도 보이겠지만
푸른 이끼 옷을 입은 몽돌이 싱싱하게 일어서는 아침녘이면
눈을 뜨고 반짝이는 세상을 볼 수가 있지

좌측 목에서 해가 뜨고 우측 목으로 넘어가는
그게 한 목숨
목 빼어 기다리는 시간도 잠시 훅 넘어가는 불덩이를 목도하게 되지

가끔, 무슬목 지낼 때면 쑥 내밀었던 뻣뻣한 목이 자라목처럼
쏙 들어가곤 하는 것도 알게 되지

*무슬목 : 전남 여수시 돌산읍 평사리 대미산과 소미산 사이 파도에 의하여 모래가 쌓여서 육지와 연결되는 곳. 임진왜란 당시 이순신 장군이 왜군을 유인하여 왜선 60여 척과 왜군 300여 명을 섬멸한 전승지.

우동식 2009년 《정신과 표현》 등단. 시집 『바람평설』, 『여순 동백의 노래』 등 있음.

떽떼굴

우 혁

세 살 아이는 밤길이 낯설다
친척 집에 들렀다가 할머니 따라
산골 길을 내려가는 저녁
전별 선물로
종이 봉투에 잔뜩 싸준 사과는
아이의 힘보다 무거웠다
그저 구르고, 떽떼굴 굴러가는
사과들이 어둔 그림자에게 먹히고 있음을
망연히 바라본 무거운 귀갓길

지하실에서 이제 막 나온
사람은 자신의 그림자가 무섭다
눈을 떴을 때 그가 서 있는 곳은
골목길, 낯익은 곳이면서
처음 와본 장소다
발걸음을 떼려고 하니
발등 위로 무언가 무게가 느껴진다
사과였다

여기 저기 멍든 사과였다
주워 들며 이제 눈 감는 법을 익혀야지
다짐하던 대낮

평생 바다를 들어갈 일이 없던
오십 대는 드디어 해변에 다다른다
마실 수도 없는 물을 그리워하다니,
들어갈 수도 없었다
축축한 모래사장으로 가끔 들어오는 바닷물을
발바닥으로 시리게 느껴볼 뿐이었다
그 때 바다에서 누군가 걸어 나왔다
낯익은 얼굴이지만 모르는 사람이었다
젖은 손 끝으로 사과를 쥐고 있었다
다짜고짜 멍든 사과를 오십 대에게
건네 주자 그는 파도처럼 밀려 사라진다
멍든 사과가 처음부터 거기에 있었던 것처럼
묵직하게 자리 잡고 있었다

세 살 아이는 울면서 그 비탈을 다 내려왔다
열 개 남짓 되던 사과는 이제 두세 개
모퉁이만 돌면 우리집
골목에 단 하나 있던
누눅한 가로등 밑에
맑고 발간 사과 하나가

놓여 있었다
멍자국도 없이
젖은 기색도 없이
처음부터 그 자리에 있었던 것처럼

우 혁 2002년 《미네르바》 등단. 시집 『오늘은 밤이 온다』 있음.

틈을 노리다

이 궁 로

아보카도 씨앗이
어둠 속에서 몸을 비틀고 비비적대다가
찰나의 틈을 뚫고 빛을 향해 몸을 던졌다

순간의 틈을 노린다는 것
먹이를 덮치는 짐승처럼
아슬아슬한 그 긴장을 잡아챘다는 뜻이다

틈을 노리는 기민함은
어둡고 무거운 것을 뚫는 자신감을 가졌다

한때 빛은 안식처였으며
어둠의 틈을 찾아내는 일은 위험이었다

어둠이 위험이고 빛이 안식이라는 공식은 깨졌다

어둠과 빛 사이 그 틈을 노려
몸을 던지는 것은 새로운 우주를 세우는 일

저 식물의 씨앗이 틈을 찾아낸 것처럼
빛이 가지고 있는 틈이 날카로운 눈으로
나를 지켜보고 있다

이궁로 2001년 농민신문 신춘문예 시 부문 당선. 시집 『만질 수 없는 삶의 안쪽』, 『어둠은 밤의 너머에서 뜬다』 등 있음.

나목의 꿈

이 복 현

마른 잎 다 떨어진 후에도 나목은
시린 가슴에
꿈꾸는 봄을 품고 있다.

빈 둥지를 끌어안고
떠나간 새가 돌아올 날을 기다린다.

언 땅 깊숙이 묻혀있는
아픈 뿌리를 추스르며
찬란한 내일을 생각한다.

빈 몸의 나무는
뼈 시린 설한에 꿈을 꾼다.

그리고 알고 있다.

고난 없이 주어진 봄은
값싼 사치이며
향기롭지 않다는 것을,

눈보라 속에 서서
오래 참고 기다린 끝에야
비로소 만개할 천국의 향연을,

이복현 1994년《문예사조》시, 중앙일보 시조(장원) 등단. 시집『한쪽 볼이 붉은 사과』등 3권 있음.

푸른 동공

이 성 임

어두워질수록 푸르러지는 것이 있다 사선으로 기우는 사각지대
절박한 울음들이 말랑말랑 새길을 만들어가는 곳

소리가 없어도 들리는 헤아림, 추출할수록 깊어지는
바람의 비강에서 들리는 습한 숨소리를 사랑이라 말하자

사력을 다하느라 텁텁해진 골목을 순식간에 잠재우는
방사형으로 번져나가는 커피 볶는 냄새
빛에 마비된 눈과 귀는 다녀온 길들을 지우고 홀로 골똘히 푸르러지는 곳

살아있는 것들의 절박함이 언어 이전의 농축된 밀어로
당신의 언어로 추출되는 밤
흔들리는 이 저녁을 우리 파랑이라 말하자

어둠 속, 모든 발들이 나란히 누워 쉬는 이 저녁을

이성임 2002년 《시안》 등단. 시집 『나무가 몸을 열다』, 전자시집 『초록 플러그』 등 있음.

변이 바이러스

이 중 현

코로나바이러스 몰래 야반도주해서
길이 없는 산속으로 왔네.
설마 변이 바이러스는 눈이 달려
이 끈적거리는 어둠 뚫고서
산속에 웅크린 날 찾아낼까 몰라.

오늘 밤은 달과 별이 파업해서
운행이 중단되었네.
눈이 답답하고 가슴 캄캄해지네만
뒷산 나무나 풀까지 파업해서
꽃이나 잎을 기르지 않고
싱싱한 입술 내게 허락하지 않으면
무슨 힘으로 세상 버틸까 몰라.

내일 아침 태양마저 파업에 동참한다면
어둠이 얼어붙은 얼음장 속에서
냉동된 사랑의 후유증으로
얼마의 목숨 보듬고 살까 몰라.

우리 사랑도 돌연변이로
그대와 나, 얼마의 그리움을 키울까 몰라.

이중현 《소설문학》 신인상(시), 《세계의문학》을 통해 작품 활동. 시집 『물끄러미 바라본 세상』, 『아침 교실에서』 등 있음.

전전긍긍

이 하

1.

득의得意의 시절. 벚나무 가지 위 휘파람새 시린 노래를 잊고 훌훌 날아가네요 흔들린 가지 가라앉기까지 기다리지 못한 바람만 불고 있어요

맑고 부드러운 네 몸에 들어가 햇살을 어떻게 건질 수 있을까요 몸을 어루만지면 끓어오른 심장에 전율하면 또 어쩌나요 나무의 체위가 변하기라도 한다면, 또 격렬해지기라도 하면 감당할 수 없을 것 같네요

헐떡거리는 공기 속으로 떠다니는 치정의 꽃가루에 나른한 눈이 멀기라도 한다면요 수목은 산그리메까지 한없이 늘려가고 허리가 점점 굵어지는 등걸에 배경을 두고 밤새 슬하에 스민 망연한 안개는 어쩌구요 손을 뻗어 허우적거리는 나무들 또 어쩌지요 둥둥 떠있다 미끄러지는 숲그늘을 어떻게 해야겠는지요 강파른 어둠이 스며들면 아예 눈을 잃을지도, 찾지도 못하면 어쩌나 싶어요 바람이 불면 떠내려갈 수도 있겠지만 노을이 덮어 형체도 없어지게 하는 편이 나을까 싶네요 점점 다가서는 시간이 수묵으로 번져 가버리면 어쩌나 저 얼굴 불콰한 언덕만 조바심을 내게 되는가요?

2.

혀가 부드럽기가 봄날 어린가지 같네요 어디로 뻗어갈지 모르니 말이지요

간언에 두려워하지 않으니 문장은 척박한 오지 같네요 부치지 못한 서간은 어찌할까요 읽지도 못하고 재가 되는 걸 지키고 있는 게 맞는 일인가요 순행하던 시간을 잊어버리게 될까 두려워요 금이 간 거울에 비추면 다시 살아나는 건 가요 몇 개의 받침은. 갈비뼈를 울리던 흘음은 놓치겠죠? 시곗바늘을 돌려놓으면 아침을 길어 올릴 수 있을까요 아니라면 빨리 돌아오기라도 해야 될 텐데… 잃어버린 낱말이나 떨어진 잎사귀의 행간에서 꽃 피우지 못해 울 수는 있을까 싶지만 기대는 접어야 할까 싶네요 식어버린 죽粥의 거죽이 이보다는 더 단단하지 않나요?

비라도 내리면 풍경은 더 기묘해지네요 흥이 깨진 잔치 같아서 뿔뿔히 흩어지네요 난맥으로 파도치는 바다의 몸집만 더 부풀리겠지요 꽃그늘의 깊이도 재어보지 못하고 이렇게 벌들만 왕왕거리다 봄을 엎지르는 것은 아닌가요? 수심愁心만 깊어지는 거 아닐까요? 파국은 오지의 장날처럼 막차가 일찍 떠나는 것과 같은 거겠죠?

이럴 때 어떻게 살아야 하나요?
이런 날 밤은 어떻게 지켜야 하나요?
어스름 몰려오는 저녁이나 되면 되나요? 참을 수 없이 가벼운, 이 낯선 세계에서…

이 하(이창) 2020년 웹진 《시인광장》 신인상 수상.

오토 컨베이어 벨트

이 향 지

가로세로 포개진 칸칸마다 암탉들이 고고거린다
철망 속의 미혼모들

태어났다는 말에는 태어나게 하겠다는 무언이 얽혀 있다

교미한 적 없는 암탉들이 낳은 달걀은 생명인가 식자재인가 오토 품품인가

집란 회로에 무정란 한 알씩 꼬박꼬박 떨어뜨려 주는 양계장 암탉은 천치인가 천사인가 AI 노예인가

입으로는 쉴 새 없이 물과 사료를 취하고 산도로는 알을 밀어내는 오토 컨베이어 벨트

실수로도 병아리 한 마리 걸어 나오지 않는 무정한 무정란 컨베이어 벨트

날개 달린 원금은 철망에 감금시켜 놓고 갓 낳은 이자만 집어 가는 오토 컨베이어 벨트

달걀은 암탉의 자식벌인데 허기 채우기에만 급급한 닭대가리들

금욕주의자들의 지구에 메마른 산란이 계속되고 있다

논물에 풀어놓은 숫개구리들의 합창만 귀 따갑게 흰 구름 휘젓는다

이향지 1989년《월간문학》으로 등단.

가을 초저녁에는

임 혜 주

대문을 열고 들어왔다가 옷을 갈아입는 사이 마당이 저물어 버렸다

잎을 버린 나무들이나 그 때문에 조금 늙어 뵈는 산등성은 차츰 말을 잃은 사람처럼 속이 깊어갈 것이다 갈수록 해가 짧아지는 것은 서늘해진 바위가 검은 사색의 시간을 거치기 위해서이다 마당이 보이지 않고 대신 얼굴이 되비치는 시간이 길어진다는 뜻이다 그것은 가시 걸린 승냥이처럼 울부짖는 어느 짐승의 울음, 차츰차츰 다가드는 어둠을 목구멍 아래에 긁어모아 모조리 뱉어내듯 으외왝, ㄲ으왜액, 아 저렇게 우는 짐승도 있구나, 누구에게는 말로는 못할, 그 기막힌 울음을 거친다는 뜻이다

임혜주 2007년 무등일보 신춘문예로 등단. 시집 『옆』 있음.

입추

장 문 석

매미들의 무성한 코러스가 미루나무 우듬지를 정점으로 슬쩍 꼬리지느러미를 아래로 비틀자 태양의 시계추가 째깍 화장대 서랍에서 황갈색 색조의 립스틱을 꺼내 물었다

일찍이 동장군과 그 잔당들을 일거에 제압하고 온누리에 초록의 시대를 선포했던 혁명군의 첨병 산수유나무가 이젠 소임을 다했노라 사직서를 낸 게 바로 엊그제

천문에 밝은 혁명의 축하사절단이자 용병을 자처한 남국의 제비들도 하나 둘 전선줄에 모여 앉아 변방의 동료들에게 귀국의 통문을 타전하기 시작했다

바야흐로 엽록의 수레바퀴를 멈춰야 할 때

햇살의 혓바닥이 조금씩 짧아지고 있다 그만큼 길어진 귓바퀴를 굴려 동구에 이르면 먼 들녘으로부터 아장아장 걸어오는 씨앗들의 작은 옹알이, 그 어여쁜 것들을 위해 오늘부터 요람을 짜려니 오후엔 뒤꼍 대밭에 올라 오죽 몇 그루 베어야겠다

장문석 1990년 《한민족문학》으로 등단. 시집 『꽃 찾으러 간다』, 『내 사랑 도미니카』 등 있음.

남기는 詩

장 유 리

92-1호실

요절하기엔 너무 늦은 나이
서둘러 떠나도 지각입니다.

10월에 미리 인사는 남겼고
다들 다른 이유로 가셨지만
길치인 나도 묻지 않고 잘 찾아가는 길입니다.

1월의 설경이 얹어져
그래서 더 눈부시게 아름다운 창가
저 다리는 무슨 이름이지
저길 언제 한번 지나가야지
갈 수는 있을지

무사히 수술을 마치고
세상과 좀 더 놀다 오라고 허락된 시간

그날 그 시각의
눈이 덮인 한강의 다리는 망각한 채

장유리 1999년 《시와생명》으로 등단.

바람을 테이핑하다

장 유 정

깨진 바람은 날카롭다.
밤새도록 바람이 얇은 것들을 기웃거리고 있었다.
창문이 바르르 떨고 있고
회오리바람이 온 마을을 휘감고 지나갔다.
나뭇가지가 꺾였고
파편처럼 떨어지는 잎사귀들을 쓸었다.
빙그르르 몸을 돌리듯 우산처럼 뒤집힌 꽃들
고구마 밭 순이 어제보다 더 엉겨 있었다.

바람이 지나가는 근처의 창문들은
전조통을 앓는 만성질환이 있다.

압박붕대처럼 통증부위의 붙여진 테이핑들, 바람등급처럼 근육의 시작부위와 끝 부위 찾아 크기와 형태에 맞게 테이프를 자른다.

끈질긴 물음에도 입을 봉하는
날아가는 바람을 붕대로 썼다.

바람을 사각으로 돌리면 달팽이 모양의 네모난 바람 소리를 냈다.

테이핑 되지 않는 창문 태풍의 눈 속에는 바람이 없다.
하오의 기울어진 창문 밑에 부서진 햇살들이 반짝인다.

장유정 2013년 경인일보 신춘문예 당선. 시집 『그늘이 말을 걸다』 있음.

윗세오름 두리반

장 재 원

열대우림 같은 계곡 위엔
수직으로 늘어선 오백 나한 상 기암절벽,
능선 아래론 구십 폭 병풍바위,
허위허위 올라가니
오, 고산지대엔 잘 차려진 거대 두리반 같은
평원이 좌악 펼쳐졌다
마치 예수님이 산상 설교한 언덕인 듯,
부처님이 설법하신 영실인 듯
때마침 백록담에서 내려온 옅은 안개로
신령스럽기만 한 윗세오름 초원

마음은 이미 천국 계단을 밟고
선계를 엿본 듯 달뜬 기분
두리반 둘레에 선계 가족 있는 줄도 미처 몰랐어라!

된장찌개와 구수한 쌀 보리밥, 나물 반찬을
한껏 차려 놓고
오순도순 도란도란 먹고 있는
아빠, 엄마, 누나, 동생

저만치 등산로에서 마구 쳐다보며 수떠는
속세 사람들일랑 안중에도 없이
막내는 놀명 먹명
마당가 선작지왓 꽃밭 사이로도 드는구나

로드 킬이 없고, 천적이 없는 지상 낙원
제주도 윗세오름 하늘 정원
뭍에서 온 혼밥에 익숙한 도시인들에게
두리반을 펴고 두리두리 둘러앉아
오순도순 도란도란 밥 먹던 옛 행복에 젖게 하는
아, 평화스런 한라산 윗세오름 노루 가족!

장재원 2008년 《리토피아》 등단. 시집 『뫼비우스 자서전』, 『왕버들나무, 그 여자』 등 있음.

이사

장 현 숙

이사를 하려는지 며칠 전부터
소라게가 소라 껍데기를 탐색 중이다
집게발로 만져보고 더듬이로 더듬어보고
눈으로 세심하게 살피고 있다
평수는 얼마나 되는지 살기는 편한지
몇 날 며칠을 재보고 고민하는 듯하더니
드디어 적당한 집을 발견했나 보다
새집 청소를 하려는지
커다란 집게발을 넣어보기도 하고
껍질을 굴려보기도 한다
아침부터 들락날락 분주하더니
여린 속살을 드러내고 밖으로 나왔다
재빠르게 점찍어 놓은 집으로 이동한다
꼬리를 집어넣고
몸통도 집어넣고
순식간에 집 안으로 들어가 눈알을 굴리며
긴 더듬이로 밖의 동태를 살피고 있다
완전히 몸을 넣고서야 안심이 되는지
여기저기를 둘러보기 바쁘다

집을 지고 마실을 다닌다
이젠 집들이 초대를 하려는지
성큼성큼 이집 저집을 기웃거리고 있다

장현숙 2007년 《문학사상》으로 등단.

한국인 조르바

정 기 석

나는 두려운 것이 없다
사람을 모두 다 깨달았으므로
세상에 전부 다 까발려졌으므로

나는 아무 것도 바라지 않는다
설화 속 파르티잔,
공상적 사회주의자이니까
동화 속 코스모폴리탄,
도덕적 무신론자이니까

나는 자유인이다
자본에서 의원면직,
해방된 아웃사이더라서
타인의 공포로부터 독립한 실존주의자라서

그리스 대표 니코스 카잔차키스 및 조르바,
멕시코계 미국인 대표 안소니 퀸,
그리고 끝으로
일개 한국인 나

일동 차렷, 각자
신뢰하는 초인에 대하여, 받들어 총

이제 그만, 쉬어

정기석 2016년 《시와경계》 등단. 시집 『고고인류학개론 개정증보판-펄북스시선』 있음

헝거스톤

정 민 나

헌것과 새것이 엉키고 중력과 동력이 섞여지고 저기압은 멈춰있고 고기압도 멈춰 있고 제트기류는 흐르지 않고 사랑 댄스 초록 친구는 가뭄이 들고

왕이었고 왕비였던 별들은 멀어지고 가족 환대 바다 에너지를 호출하던 어머니는 홍수가 나고 어두운 우주를 떠돌고 그 내부의 뜨거웠던 사랑 이야기 전쟁 이야기는 블랙홀 속으로 전시되고

몸의 고통이 심하면 베란다 끝으로 갑니다 앨범에서 사진들을 빼내 숫자와 이름을 쓰기 시작합니다 추웠다 더웠다 부실한 뼈를 쓰다듬고 기력없는 마음은 밖으로 데리고 나오고 기억이 없어지는 공포감을 속속들이 눈여겨보고

다 자란 항성은 행성을 다가오는 큰 은하는 작은 우리 은하를 그 전에 다가오는 무슨 알 수 없는 거대한 구름은 태양계와 지구를……

빙하는 사랑과 평화가 무너집니다 원심력과 구심력을 잃고 좌충우돌 깨집니다 몇 만 년이나 산 눈사람이 뛰어내립니다 그 모습을 보며 눈치 없는 사람은 사진을 찍습니다. 멋진 포즈를 잡았다고 웃습니다

빙하의 존엄성이 무너지면 가지런히 쓰다듬던 분노도 멈춥니다 저의 에너

지를 소진하고 떠밀립니다

와이드 우주, 어머니 배고픈 시간들에 밥 주기 아플래 정신줄 놓을래 늘어진 꽃대 올려주기 허둥지둥 정신없는데 새롭게 생겨나는 통증은 모래알처럼 작아 보이지도 않아요

정민나 1998년 《현대시학》으로 등단. 주요 저서 《E 입국장 12번 출구》, 《협상의 즐거움 》 외 다수.

다산초당에서 편지를 읽다

정 선 호

군에 간 아들이 편지를 보내 왔다
오랜만에 편지지에 답장을 적어
낯선 곳에서 고생하는 아들에게 보냈다

어느 날 남도의 섬들 둘러보다 다산초당에 가
이백 년 전, 유배중인 다산이 적은
『유배지에서 보낸 편지』를 읽었다
이십 년 동안 아버지로 살아 온 나를 읽었다

일제에 항거하다 아버지보다 먼저 죽은 열사와
동족 간의 전쟁에서 총탄 맞아 죽은 군인,
전쟁 중에 죄 없이 군인과 경찰에게 총살당한
아들 시신을 묻었던 아버지들의 편지를 읽었다

독재정부에 저항하다 죽은 자식을 땅에 묻고
팽목항 차가운 바다에서 죽은 아이를 보내고
일하다 벨트에 끼여 죽은 비정규직 아들을 보낸
이 땅 아버지들의 눈물 묻은 편지를 읽었다

죽은 자식의 시신을 안고 속으로
속으로만 울었던
아버지들 편지를 다산초당에서 읽었다

정선호 2001년 경남신문 신춘문예 시 당선. 시집 『세온도를 그리다』, 『바람을 낳는 철새들』 있음.

어느 훗날에

정 성 태

눈 내리는 창가에 앉아
여행길 숱한 인연 속
기억의 순간을 속죄할 거야.

죽음의 시간을 미리 알아
몇몇 사람에게
마음의 편지도 띄울 테야.

육신이 끝나는 그 자리,
눈물 젖은 기도와
성서 한 권이면 족해.

그래도 아름다웠노라고
감사와 찬미 가운데
예정된 곳으로 돌아가는…

정성태 1991년 시 「상실과 반전」 외 2편으로 등단. 시집 『저기 우는 것은 낙엽이 아니다』 있음.

귀향을 꿈꾸는 배

정 여 운

아들딸들아, 다시연꽃으로피어오너라세월호!배(船). 집채보다큰배, 선령(船齡)이오래된배, 일본에서버린배, 세금으로사들여온비싼배.
304꽃송이세월을삼킨배, 배(船)국민의피땀을삼킨배, 불법개조한둔갑의배, 성형의배, 욕망과탐욕의배, 출구가없는배, 소통이막힌배,

생사
의현장에서선장이
탈출한배, "기다리라" 는 악
마의말때문에숨을거둔배, 분개의배, 원수의배,
파도에맞아멍든배, 실망의배, 늪의배, 불신의배, 양심과돈을
맞바꾼해적의배, 피눈물로얼룩진배, 절망의배, 늪의배, 팽목항수학여
한배 행의배, 이별의배, 추악한권력의배, '바다' 와 '세월' 을욕되게하
, 소망과염원의배, 는배, 동공에나사가풀린배, 관절통으로온몸이고통스러운
나라를개망신시키는배, 원수 배, 구멍이뚫린배, 침몰하는배, 죽음의배, 304명세월을
의배, 이민을부추기는배, 탄핵과하 잡아먹은수마의배, 복장터져사람죽이는배, 끓어오
야를외치는민주주의의배, 외로운배, 늙고 르는배, 뺏기루를민들어팽목항에가서물고기밥
병든배, 붉은녹물의배, 욕을먹어야움직이는 으로뿌리고싶은배, 기다리며인내하는배, 희망
배, 욕을많이먹어서배부른배(船), 배터져죽은 의배, 하지만현실의배, 강건너불구경하는배
배, 망각의배, 더럽고밉지만사랑으로추모하며품어주 , 힘센배, 복종의배, 오보(誤報)로태평양까
어야할배. 미안하다!아들딸들아, 다시연꽃으로피어 지출렁이게하는배, 버리지도먹지도못하
돌아오너라. 2014년4월16일, 그날을주홍글씨로가슴에 는배, 운명의배, 역사에남을배, 악마의
새기고살아야할배, 떠나보내고싶어도마음속에서떠나가지 배, 밑이벌겋게헐어너덜거리는배, 뒤
않는연민의배, 침몰후, 천일이지나서야수면위로나오 가구린배, 협잡과수작의배, 결탁의배
는배, 대통령탄핵후에야팽목항 , 혼자잠자고있는배, 대통령이나타
에서끌려나오 나지않은7시간, 벙어리의배, 눈먼
는 배, 귀먹은배, 비밀의배, 너무오래
살아서남의나라에까지팔려온
측은한배, 성난촛불민심의배,
노란리본의배, 바다를바
라보기미안

귀향하고 싶은 배

배, 그런데
세월호야, 너
와같이떠난
306송이의
아름다운꽃
들은어찌하
고몸은부서
지고싸늘한
주검으로돌
아왔느냐

정여운 2020년 《서정시학》으로 등단. 시집 『문에도 멍이 든다』 있음.

그래픽 카드

정 윤 서

육중한 철문을 스캔하는 넥타이

태어나지 않았다면 좋았을까요
태어나자마자 숨통을 물린 새끼 임팔라의
눈알처럼
희번뜩 희번뜩 돌아가는 흰자위
단 한 번도 해본 적 없는 되새김질
잡아먹혔어 자연의 순리는 건드리지 말자
죽어야 하면 죽는 거구요 살아지는 건 어쨌든 살아지잖아
이빨은 무디거나 날카로웠을 뿐
이빨은 무디거나 날카로웠을 뿐
헤시시 하시시

믿지 않았어 진달래와 함박눈
끝까지 간다는 것 당신의 말 말들을
겨울 강변 외 발의 새 발자국들을
울지 마요 열흘만 견디면 그 낡은 모텔에서
나올 수 있잖아
술잔을 들어요

당신 뒤의 당신과 내 뒤의 내가 우두커니
떠 있는 밤하늘
관대했던 한때와 관대하지 못한 오랜 시간이
모든 시야를 가렸어요
탐정은 저리 가세욧
습기 가득한 차 안을 후레쉬로 마구 비추는
늙은 사내의 흰자위가 휘번뜩 휘번뜩
아저씨! 도대체 왜 이러쎄에요? 닫힌 차 안에서 소리를 삼킨다

잠깐 죽어 있어 줄래요? 얼어붙어 있든지
당신과 더 가까워지고 싶어서 그래요
우리의 비밀을 지키기 위한 것 죽은 연인을
더욱 안전하게 하는 방법
제가 씹던 껌이나 주세요
흔들리는 사람들은 나눈 시간을 찢는다죠
네 잎 클로버 팔찌를 부수고 은행 입간판을
짓밟고
혼자만의 위험한 운전은 지루했으니 잘 가세요
혼자만의 지루한 운전은 위험했으니 잘 가세요
나는 그저 그래요 잘 지내지 못해요
나는 그저 그래요 잘 지내지 못해요
헤시시 하시시

가짜 포플러 나무가 진짜로 서 있는 빌딩과
빌딩 사이 보도방
제 마누라마저 팔던 인두겁 후예들의

보지 도매 방
좁은 틈바구니 모텔에서 담배 한 개비를
나눠 피워요
도매금으로 많이 잡숫던가
긴 밤 이십오 만원 짧은 밤 십만 원이에요
임팔라와 사자처럼 사납고 연약한 몸을
뒤섞으며 오래된 다짐을 했건만
남는 것은 피멍 골절의 엑스레이
피는 상처를 타고 그칠 줄을 몰라
피 맛은 중독성이 강하잖아
모서리가 짙은 건 눈물 자국이래
산다는 건 맨살 같아 서방 잡아먹은 년
새끼 잡아먹은 년은 차고 넘치는데
마누라 잡아먹은 놈은 왜 한 명도 없는지
왜 하나도 안 보이는지 씨발 진짜
엄마 말이 맞았어
미래에서 온 줄 알았으나 과거를 반복하고 있었어
불안한 눈알만 희번뜩 희번뜩 억울한 눈알만 희번뜩 희번뜩
헤시시 하시시

오랫동안 나를 개 패듯 팼잖아
어떻게든 돈을 벌라고
나 지금도 거기가 무지 아프거든?
질정이라도 넣게 잠시만 개자식아
생리 냄새에 환장한 건 너였어 떡볶이
나도 한 성질머리 해 이 새끼 좀 잡아가 주세요 112

이 새끼가 나를 마구 때린다구요 나를 죽일 수도 있단 말예요
수없이 울고 난 뒤 수없이 울고 난 뒤
진술서에 쓴 쓴 바나나 고추 진술서에 쓴
쓴 바나나 고추 이제는 원망조차 덜커덩
헤시시 하시시

시간이 됐어요 시간이 됐다고요
조용히 하세요 모니터 재생합니다
CPU는 뇌 병변 모니터는 아나로그
사자가 임팔라 모가지를 콱 문 순간부터 피의 중독을 멈출 수가 없었죠?
피를 봐야만 멈추는 이 미친 노래의 갈피를
잡을 수도 없었죠?
밖은 보이지 않지만 안은 환해요
헤시시 하시시

그래픽 다시 돌려! 모조리 처음부터!
조사실 검잘정 표장장 어퍼컷

정윤서 2020 《미네르바》 등단.

시와 풀잎으로

조 정 애

시 한 편이
세상의 가슴을 울리지 못해도
풀잎 하나가
세상의 눈빛과 마주하지 못해도
있는 듯 없는 듯한 존재
시 하나와 풀잎 하나가
허허로운 세상에서 마주보고 있네

하늘이있어
하늘 아래 땅과 바다가 있어
생명을 타고난 79억이 넘은 인류가
당신의 노여움을 사기 전에는
세상의 모퉁이에서
언제나 태초의 바람이 불어와
지친 시와 풀잎을 깨워주었네

하늘은 맑고
황금빛 태양이 내리쬐는 날에도
마스크를 써야 하는

코로나19 역병疫病으로
세상엔 4억이 넘은 감염자와
600만여 명의 사망자가 생겼는데
계절은 돌아오고 있네

시와 풀잎으로
아픔을 담아내지 못하고
눈빛과 마주하지 못해도
부푼 꿈 설레는 가슴을 안고
세상의 어두운 귀퉁이에서
창조주가 부르는 부활의 노래를
하염없이 귀 기울이고 있네

조정애 1990년 《문학공간》으로 등단. 시집 『내가 만든 허수아비』, 『일출보다 큰 사랑』 외 다수.

꽃

종 정 순

별, 아기, 당신, 너, 해, 달, 길고양이, 새……
어느 곳에도 있고 아무 때나 있는 꽃들은 무슨 까닭일까요

웃을 기분이 아닌 마음이
혼자일 때 꽃이 있지요

꽃은 누군가를 보면 말을 걸고 싶은 걸까요
우울한 내가 모른 체하려 해도
알은체를 하네요

내가 보이지 않을 먼 곳 어둠 속에서도
꽃들은 나와 눈 맞추고 무슨 신호를 보낸다는 믿음이죠
나에게 위로가 되고 기쁨을 주는 꽃들

꽃 앞에서는 어떤 슬픔이 든 숨어버리고
외로울 수도
아프지도 못해요

나는 그 꽃들 잊지 않으려고 반복해서 발음해요

눈꼬리 입꼬리 올라가고 꽃이 피는 말
참 좋아요
참 고마워요

종정순 2016년 《시인동네》로 등단. 시집 『뱀의 가족사』 있음.

방생

주 선 미

어딜 가도 벽은 있었다

수조에 잡아 놓았던 물고기 방생하는 사람들,
등을 말리고 있다

수조 안에 한정되었던 물고기들의 시선
수조 밖으로 바뀌는 지점이다

갯벌 끝이 어딘가 무작정 집을 나섰던 유년이 있었다. 개 짖는 소리에 언덕도 못 넘고 벽에 부딪혔다. 둠벙의 깊이와 붕어 지느러미, 물방개 발톱 물살을 가르는 톱니를 들여다보다 물속에서 자맥질하던 시간도 있었다.

나를 바다로 밀어 넣는 것은
수조 밖을 나선
물고기가 부러워서 그러는 것이 아니다

온몸에 돋아난 지느러미가
자꾸만 바다로 가자고 한다

주선미 2017년《시와문화》등단. 시집『플라스틱 여자』외.

카트의 물집들

최 경 은

기울어진 카트 하나
바퀴 떨어진 한쪽 구석이 불안하다

구석으로 몰아세운 뒷걸음질 친 낯선 공간

조급하던 바퀴가 바닥을 향해 날 센 소리를 감아올린다 태엽도 없이 돌아갔던, 힘으로 밀고 당기는 우격다짐의 근육질도 아랑곳없이 낯선 명암들이 바닥을 들추고 있다 뒤로 구르는 습성에 먹다 버린 껌 딱지의 끈적임도 목적지 없는 내리막길로 내동댕이쳐진 귀퉁이들, 물건들이 산더미처럼 쌓인 카트의 시간, 묶여 있는 하루의 동선을 그리며 휘어진 자국들을 바닥에 새긴다

봄을 밀며
겨울 속에 끼인

눈 속에 끼워 맞춰진 물집들

꽃잎 속의 얼룩을 바라보며
오래도록 서 있다

최경은 2020년 《한국NGO신문》 신춘문예 등단.

초록 바람

최 태 랑

아침이면 나는 나에게 인사한다

사랑하는 당신 오늘도
웃음이 많은 날 되세요
봄은 자꾸 먼 길 떠나려 합니다
잡으려 하지 마세요
보랏빛 초롱꽃 보듯 하세요

오늘은 버럭은 집에 두고 가세요
울컥도 내려놓고요
입은 다물고 손 먼저 내미세요
앞니 빠진 구두는 벗어두고
새 신발로 마음 밭을 걸어보세요

상대에게 베풀기 전
자기에게 친절하세요
몸에서 초록바람 일게 젊게 사세요
태양에 맞장 뜰 생각은 갖지 마세요
좋아하는 것을 좋아하세요

하루 하루 나를 위한 셀프
오늘이 모여 미래가 됩니다

최태랑 2012년 《시와정신》 등단. 시집 『도시로 간 낙타』 있음. '시작상', '인천문학상', '아산문학상' 수상.

고래 한 마리

하 승 무

욕망의 코드가
작렬한
슬프디슬픈 역사의
나무 그늘 아래,

층층이 쌓아올린
벽의 무게는
처참한 시간의 흔적이
검은 바람의
꽁무니를 쫓다가
허공을 치는
몰락의 티끌과 티끌들,
회색빛 민둥산 사이로
메마른 전경이
숨 가쁘게 헐떡거린다.

포근하고
너무나 따스한 햇살이
검은 도시의

검은 창문과
검은 벽을
빈틈없이 투과한다.

빛 속에서
고래 한 마리가 헤엄을 친다.
노래를 부른다.
검은 머리가 하늘 눈물로
흥건하게 젖어든다.

어디선가
시원의 바람이 불어온다.

하승무 1994년 《한겨레문학》으로 박재삼 시인 외 2인 추천 등단.

여기서부터는 사람이 되려고

한 성 희

너는 하얗게 빛나면서
운다

생명의 새날이
첫걸음이
울음에서 시작한다

시작과 함께
울음을 물려받은 존재가 되어
심장이 맥박이
세상을 두드린다

너의 힘찬 울음소리를 들으며
새로운 길이 두근거린다

더는 물러서지 않으려는 듯
너는 심장을 움켜쥔 채
호흡을 가다듬는다
모든 소명에 닿을 때까지

울 것이다
네가 울 때 나도 울고
네가 웃을 때 나도 웃을 수 있게
새날을 알몸으로 다짐한다

네가 목숨으로 나에게 걸어오듯
나도 목숨으로 너에게 간다

한성희 2009년 《시평》으로 등단. 시집 『푸른숲 우체국장』, 『나는 당신 몸에 숨는다』 등 있음.

하늘을 짊어지다

한 종 근

저만치 앞서 어라
시장바구니 살랑거리며 걸어간다
아무나 펼칠 수 없는 신공

땡볕에서 머릿수건 꽤
쓰고 살았다는 증표

부푼 배로 밭일하다가 산통을 느끼고
얼른 집에 와 문고리 닫으며 몸을 풀 수 있어야
보일 수 있는 공력

남편의 빚 보증 상환하며
여덟 자식 먹이는 것은 일도 아니고
화병으로 누운 몸 병시중까지 해내야
닿을 수 있는 경지

허리가 굽어 ㄱ자
꼬부랑할머니가 걸어간다

칭얼대던 아이가 지쳐 잠든 후에도
내일 팔 오뎅을 꼬치에 끼우거나
곰돌이 인형에 눈을 붙이려 쪼그리고 집중하는
세월을 수십 년쯤 보내야
비로소 내디딜 수 있는 저 발걸음

함부로 발휘했다가는 허리가 끊어진다는
저 신공을 아무렇지 않게
얼뚱애기 업은 듯이
하늘을 통째로 업었구나

무겁지 않은지 선들선들 잘도 간다
동네 한 바퀴 산책하러 나간 울 엄마도
구절초 하얀 꽃잎처럼
푸른 하늘 업고 오시겠다

한종근 2020년 《시와문화》 등단.

죽음은 없다

허 종 열

죽음은 허망한 형상形相이 없어지는 것

나타났다 사라지는 한 줄기 연기*
하늘에 떠 있다 없어지는 한 조각 뜬구름**
석가모니가 죽음을 앞두고 편안했던 건
죽음이 없다는 걸 알았기 때문
삶과 죽음을 하나로 본 예수에겐
하느님 안에서의 죽음은 삶의 한 과정

예수도 석가모니도 오고감***을 알았다

*야고4, 14
**死也一片浮雲滅
***生死來去

허종열 2007년부터 시를 쓰기 시작. 시집 『시로 쓰는 반성문』, 『녹명을 꿈꾸며』 등 4권, 역서 『흑야』, 『가톨릭 윤리와 자본주의 정신』, 『밀레니엄』, 『마천루』 등 27권 있음.

슬립의 내면

홍 숙 영

지구에 땅 한 평도 없는 사람들은
무릎을 가슴에 바짝 붙여 웅크려야 했다
슬립은 작고 가벼워야 살아남는 가난의 법칙을 알고 있다

지난밤 중량을 이기지 못해
옆구리가 터져버린 어제를
노련한 수선사에게 내밀었다
한 줌도 안 되는 시폰에는
꿈 없는 잠의 꽃무늬가 화려하게 펼쳐져 있다
등 푸른 고래가 사는 바닥을
저음으로 훑으며 은밀히 지나가는 재봉틀

수선사는 구멍 난 기쁨과 해진 슬픔을 조절하더니
회오리바람을 일으켜 한 번에 휘갑쳤다
찢기지 않기 위해선 늘어난 좁음도
빈틈을 메우는 뾰족한 끝을 견뎌야 했다

터진 옆구리를 꿰매고 온전한 내부가 될 수 있을까
두툼하게 차오른 죽음을 부르며
펄럭이는 한 줌이 될 때까지
뭉개질 만큼만 가벼워질 수 있도록

무거운 것에서 태어난 슬립의 시간,
사막의 만 년 시계가 한 번 째깍거렸다

홍숙영 2002년 《현대시문학》 등단. 시집 『슬픈 기차를 타라』, 저서 『창의력이 배불린 코끼리』 『스토리텔링 인간을 디자인하다』, 『생각의 스위치를 켜라: 창의적인 글쓰기 프로젝트』 등 있음.

너는 봄이다

-한국작가회의 시분과·통일위원회 2022 연간 시집

찍은날 2022년 12월 20일
펴낸날 2022년 12월 30일
지은이 나종영 이영춘 외
펴낸이 주선미
펴낸곳 도서출판 솔바람아래
주 소 서울 영등포구 버드나루로 129, 204호(아리스타 오피스텔)
전 화 (010)4348-2403
E-mail js3373@hanmail.net
등록번호 679-93-01471
등록일자 2022년 1월 5일
ISBN 979-11-977480-1-1(03810)

정 가 15,000원